企业家成长启示录

QI YE JIA CHENG ZHANG QI SHI LU

# 松下幸之助

## 世界经营之神

李　乐◎编著

中国社会出版社
国家一级出版社★全国百佳图书出版单位

# 《企业家成长启示录》编委会

# 写在前面的话

那是1800年，爱尔兰裔法国著名经济学家理查德·坎蒂隆著作了《商业性质概论》一书，他在该书中首次对“企业家”进行了定义，阐释企业家是专门承担风险的人。

后来，奥地利著名政治经济学家约瑟夫·熊彼特在所著《资本主义、社会主义与民主》中指出，企业家就是创新者，就是不断探索新的可能方案，不断寻找新的意义所在，不断发现新的实现自我的途径。按照他的定义，企业家的内涵和外延要广泛得多，不仅包括在交换经济中通常所称的生意人，也包括公司雇佣人员，例如经理、董事会成员等。

美国著名企业家克雷格·霍尔在所著《负责任的企业家》中指出，企业家是做实事的人，是冒险家，是风险承担者，他们对朋友、商界伙伴和社会是负责任的。也就是说，企业家不仅是社会革新者，更是社会责任与信用关系的维护者，并且致力于改进社会。

总之，“企业家是不断在经济结构内部进行‘革命突变’，对旧的生产方式进行‘创造性破坏’，实现经济要素创新组合的人。”他们创造物质财富，推动社会不断进步，使得人们更加幸福。财富虽然只是一个象征，但它与人们的生活、国家的发展、民族的强盛等息息相关。

企业家也创造巨大的精神财富，他们在追求财富过程中所表现出来的创新、冒险、合作、敬业、学习、执着、诚信和服务等精神，值得我们每一个人学习。这种企业家精神是这个特殊群体的共同特征，也是他们独特的个人素质、价值取向以及思维模式，是他们行动的理性超越和精神升华。

当然，企业家是在创造财富的实际行动中，在点点滴滴的事例中体现出伟大精神的。我们在追寻他们成长发展的历程时就会发现，虽然他们成长发展的背景各不相同，但他们在一生中所表现出的辛勤奋斗和顽强拼搏的精神，则是殊途同归的。

这正如美国著名思想家和文学家爱默生所说：“伟大人物最明显的标志，就是他们拥有坚强的意志，不管环境怎样变化，他们的初衷与希望永远不会有丝毫的改变，他们永远会克服一切障碍，达到他们期望的目的。”同时，爱默生认为：“所有伟大人物都是从艰苦中脱颖而出的。”

为此，我们特别推出了《企业家成长启示录》丛书，精选荟萃了现当代中外在钢铁、石油、汽车、船运、时装、娱乐、传媒、电脑、信息、商业、金融、投资等方面最具有代表性的企业家，主要以他们的成长历程和人生发展为线索，尽量避免冗长的说教性叙述，采用日常生活中富于启发的小故事来传达他们的精神。尤其着重表现他们所处时代的生活特征和他们建功立业的艰难过程。本套作品充满了精神的力量、创业的经验、经营的学问、管理的智慧以及财富的观念，相信我们广大读者一定会产生强烈的共鸣和巨大的启迪。

为了让广大读者更方便地了解和学习这些企业家，我们还增设了人物简介、经典故事、人物年谱和名人名言等相关内容，使本套作品更具可读性、指向性和知识性。为了更加形象地表现企业家的发展历程，我们还根据他们的成长线索，适当配图，使之图文并茂，形式新颖，以便更加适合读者阅读和收藏。

我们在编撰本套作品时，为了体现内容的系统性和资料的翔实性，参考和借鉴了国内外的大量资料和许多版本，在此向所有辛勤付出的人们表示衷心谢意。但仍难免出现挂一漏万或错误疏忽，恳请读者批评指正，以利于我们修正。我们相信广大读者通过阅读这些著名企业家的人生成长与成功故事，会更好地把握自我成长中的目标和关键点，直至开创自我的幸福人生！

# 人物简介

## 名人简介

松下幸之助（まつした こうのすけ，1894～1989），日本著名跨国公司——松下电器的创始人，日本著名的企业家之一。

松下幸之助出生于日本和歌山县，少年时代的松下幸之助只接受过4年的小学教育。

因为父亲生意失败，他在10岁时离开家到大阪去一家火锅铺当学徒，后来到自行车店里当助手，逐渐对电器产生兴趣。

1918年，23岁的松下幸之助在大阪建立了“松下电器制作所”。当时环境很艰苦，但松下幸之助带领制作所员工一同努力、创新，连续推出了先进的配线器具、炮弹形电池灯、电熨斗、无故障收音机、电子管、真空管等一批又一批成功的产品，把公司的规模逐渐扩大。

到1989年松下幸之助逝世时，留下了15亿多美元的遗产。

## 成就与贡献

松下幸之助出身于贫民家庭，以一生的事业奋斗经历和优秀的经营管理才能，使松下电器从原来一个无人知晓的小工厂发展成为全球知名的企业，取得了令世人瞩目的业绩，为自己赢得了荣誉。

在国内和国际方面，松下幸之助都取得了引人瞩目的成就。

在国际方面，1958 年，荷兰政府颁发给松下幸之助“奥伦治领导者声望奖章”。

1965 年 6 月，松下幸之助 71 岁时获得日本著名学府早稻田大学的名誉法学博士学位。

1970 年 4 月，大阪举办了万国博览会，松下电器在其中专设“松下幸之助馆”，展出公司的优秀产品。由此，松下幸之助被授予日本政府的“一等宝瑞奖章”，这是专门为那些制造出优异产品等的杰出人物所设的最高奖章。

1981 年，松下幸之助 87 岁时，被日本政府授予“一等旭日大绶勋章”，这是日本最高的奖章。

## 地位与影响

松下幸之助被誉为“经营之神”，他建立的松下电器产业株式会社至今在世界范围内发挥着积极的作用。他提出“自来水哲学”概念，认为经营的最终目的不是利益，而是把大众需要的东西，变得像自来水一样便宜，通过生产活动给人类带来富足丰裕的生活。

松下幸之助认为使顾客常受益是企业获益的最大源泉。他的这一哲学对一些企业有很大影响。

目录

# 松下幸之助

# 具备经商天赋

勤劳工作、诚恳待人是迈向成功的唯一途径。这与没有尝过辛苦，而获得成功的滋味迥然不同。不下功夫却能成功，根本是不可能的事情。

——松下幸之助

# 身居没落的家境

1894 年 11 月，岛国日本正值风雪弥漫的严冬。和歌山县海草郡的和任村一连下了几天的大雪，坐落在村子中的一间木屋此时显得格外安静。

11 月 27 日这一天，几个产婆在这间木屋房前屋后忙碌着，进进出出，随着一声期盼已久的啼哭声，一个小生命诞生了。这是木屋主人松下正楠家的第八个孩子，虽然生来瘦小，但是啼哭声非常响亮。

松下正楠看了看刚出生的孩子，轻声说："就叫他幸之助吧！"

松下这个姓，源于他家祖屋旁的一棵松树。这棵松树有着 800 年的历史，枝繁叶茂。

据说此树有两个奇特的地方：一是树的一侧向大海的方向倾斜，并长得十分茂盛，而另一侧则光秃秃的；二是每年过往的仙鹤都会在这棵树上停留，即使周边有别的松树也不作停留，年年如此。

这些现象引起了海草郡人的注意和敬畏，把它称为护佑一方的"千旦之木"。

松下幸之助出生时，他的家世已经没落，成为默默无闻的农民家庭，不过他家祖上确实是名门望族，从收藏在佛桌抽屉里的家谱上看，上面连续记载着从 18 世纪以来的 40 多位族人的名字。

松下幸之助在家里面除了双亲，还有哥哥姐姐 7 人。在松下幸之助出生的这个村子里，他家算是个小地主。

松下幸之助的父亲叫松下正楠，曾担任自治村会委员的职务。幸之助的大哥在当时和歌山市唯一的中学念书，这是一件体面的事。

松下幸之助在 8 个兄弟姐妹中排行最小，在 3 个兄弟中最得宠。

在松下幸之助小的时候，他常由奶奶背着到溪流中去捉小鱼、小虾，奶奶哄着他做游戏。到了黄昏，奶奶唱摇篮曲哄他睡觉。

总的来说，松下幸之助的幼年时代可以说过得平凡而幸福。

松下幸之助出生时，他的父亲年轻力壮，担任自治村会委员。他颇有才能，也有一定的创新意识。他很少从事耕作劳动。在平常的时间里，他多半主持村议会或参与村公所的事务。

后来，中日甲午战争结束了，日本渐渐成为国际舞台上的重要角色，经济开始活跃，开办企业的热潮也影响到和歌山县。

松下幸之助的父亲虽然是个农夫，可是他也是个小地主，他轻视农事，平常不大干农活。但他也有进取向上的精神，他一心想干出一番新事业，所以怀着这种心情，他到交易所去从事投机买卖。

结果非常不幸，在短期内，父亲就把祖先留下来的土地和房子都给赔光了。他们一家不得不离开故乡搬到和歌山市，把剩下的家产一起变卖，用它当作资本。

在朋友的大力帮助下，松下幸之助一家好不容易才在和歌山市闹市区和本町一段开了一家木屐店。

由于家庭经济状况每况愈下，松下幸之助上中学的大哥只得退学回来做店员，帮他父亲做生意，以此来节约家庭开支，也能帮家里赚一些钱。

在那时候，松下幸之助才刚满 4 岁，因此他对家庭变故也没多大的感受，也谈不上关心，他每天依旧在母亲膝下游戏。

在那个特殊的年代，社会风气不甚良好，人心也因此不太稳定，松下幸之助记得当时市场上流通着很多伪造的银币。每次收到客人给的银币时，他的父母都要将银币敲响，听听它的声音，看看是不是真的。

松下幸之助一家本想靠木屐店为生，但是木屐店并没有维持很久，大约两年多就关门了。一家人的生活一天比一天困难。

父亲松下正楠为了维持家庭生计，每天都得奔波。他那种辛苦，松下幸之助到现在还清楚地记得。

但是福无双至，祸不单行。在松下幸之助入小学的那一年，他的大哥经人介绍，到刚刚创立不久的和歌山纺织工厂当事务员。

有一天大哥受凉感冒病倒了，只得回家养病，但过了 3 个多月就去世了。紧接着在同一年，他的二哥和他的大姐也相继得病去世。这是因为他们都是患了流行性感冒之类的传染病。

松下幸之助一家的生活本来就相当穷困，这些不幸更是雪上加霜，使松下幸之助父母的精神状态和经济状况都受到了沉重的打击。在那样的境遇下，松下幸之助的母亲更加疼爱他。

身为一家之主，松下正楠的父亲承担了家庭生活的重担，为了维持一家人的生计，他焦急地尝试做各种各样的工作，不再计较工作能不能给他带来荣耀。而此时的松下幸之助仍是个无忧无虑的少年，一直过着天真的小学生生活。

1902 年，松下幸之助正在读二年级，大概是因为他的父亲对未来有了新的指望，只身前往大阪，在创立不久的私立大阪盲哑院找到了一份工作，开始在那里照顾盲哑学生，并处理行政事务。

从那以后，松下幸之助和母亲、姐姐就依靠父亲每月寄来的少许生活费维持清苦而平淡的生活。松下幸之助继续在学校读书，一直读到了四年级。

他是一名非常讨老师喜欢的学生，他和一位教师的关系非常要好，他常到那位教师家去玩儿。教师的家庭相当宽敞，常常有橘子或其他一些自己种的水果可吃。这里是松下幸之助和其他小孩子玩要最快乐的地方。

松下幸之助从小就富有同情心。

有一次，他看到班里有个叫亀太郎的男生在欺负班里的同学。因为亀太郎的父亲是个地痞流氓之类的恶棍，所以亀太郎也经常欺负同学。他威胁一名同学替他做值日，让他拖地板。谁想那名同学不同意，亀太郎竟要下手打他。这时松下幸之助挺身而出，仗义执言。亀太郎被他的一股正气给镇住了。

从那以后，亀太郎收敛了许多。松下幸之助在同学们心中的形象很好，受到很多同学的拥护。

# 辍学外出谋生

松下幸之助的家人一直过着平淡的生活。

直至1902年11月中旬，也就是松下幸之助上小学四年级的秋天，他的父亲写信对家人说：

松下幸之助已经读四年级，还有两年就毕业了。正巧在大阪的八幡筋，我有一位朋友名叫宫田，开一家火盆店，正需要学徒。这是很难得的机会，叫松下幸之助赶快来。

9岁那年的秋天，松下幸之助终于向商都大阪出发了。松下幸之助一路上看着窗外的景色，做些平凡的幻想。

大阪到了，父亲已在那儿等着，松下幸之助从来没有那么高兴过。当时的车站没有豪华的建筑物，只不过像现在小都市的普通车站罢了，但足以使松下幸之助觉得新鲜。

就这样，松下幸之助从火盆店开始他的学徒生涯。这家火盆店是自制自销的店铺，松下幸之助和其他员工都叫店主为老大。老大和两三个职员负责制作货物，摆在店面销售，有时也到顾客家去销售。

松下幸之助的名分是学徒兼照顾小孩。

由于他在家过惯了苦日子，所以对帮大人打打杂并不感到辛苦，可是心里的寂寞却使他受不了。晚上打烊就寝后，松下幸之助就会想起母亲，哭个不停。最初的四五天都是如此，待久了以后，偶尔想起来还会哭。

在火盆店里的工作，除了照顾小孩之外，松下幸之助有空要擦亮火盆。上等货和下等货擦亮的方法不同。先用砂纸擦，然后用木贼擦。木贼是一种草，光是用木贼擦好火盆，就得花上一天工夫。这使松下幸之助本来柔细的手，很快就破了，也红肿起来。

一个月下来，每当松下幸之助早上使用抹布的时候，水会浸入皮肤干裂处，很痛。

作为一个学徒，薪金是初一和十五各发一次，每次 5 分钱，松下幸之助在家里从来没有领过那么大笔的钱，所以非常高兴。可是有一回，他犯了一次过失，用掉了 1 分钱。

当时有一种铁陀螺，在大都市里很少见到，可以甩在盆子里打转，是当时流行的一种游戏，松下幸之助很喜欢玩。那一天他背着老大的小孩，跟邻居孩子玩起铁陀螺。

为了把铁陀螺甩入盆里，他一时用力过猛，竟把背上的婴儿甩翻下去，只把孩子的脚抓在手里，婴儿的头跌在地上。他那时才 9 岁，个子太矮了，孩子头上立刻突起一个包，“哇哇”地哭起来，声音很大，身子又翻了过去，周围的孩子都吓坏了。

松下幸之助吓得脸色都变青了，把铁陀螺丢掉，赶紧抱起孩子哄，可是婴儿怎么也不肯停止哭。他想，抱回家一定会被骂死。

松下幸之助不敢回去，小孩又哭个不停，真使他手足无措，下意识地跑进饼店买了一个馒头给小孩吃。

说也奇怪，孩子大概是摔得不重吧，一看到馒头，不哭了，他一边抽噎一边吃起来，松下幸之助这才松了一口气。

那是一家高级地区的高级饼店，馒头的价格是每个 1 分钱，一下就把他 3 天的薪金花掉了。

回家以后，他把这事情老老实实地交代出来，很意外地没挨骂。不但没挨骂，他们都笑着说：“你这小鬼倒很阔气啊！”

这样的学徒生活持续至次年的 2 月。

2 月间，老板认定，与其自产自销不如专职一项好，所以把店关了，迁往别处去发展，走前他把松下幸之助介绍到五代先生那儿去当学徒。

从2月起，松下幸之助到自行车店当学徒。那时候自行车还是奢侈品。

既然要做自行车店学徒，就得先学会骑自行车。松下幸之助从第一天当学徒起便开始学。

但他还是个10岁的孩子，个子矮小，要正规骑是不可能的。那时也还没有专为小孩设计的自行车，松下幸之助不得不用为大人设计的自行车来练习。

小孩子想要骑车，就得把左脚从横梁下方伸到右边踩踏板，以弯腰半蹲的姿势骑，动作实在是别扭，别人看上去也很不美观。再说，长时间维持半蹲的姿势也算是高难度动作。

另外马路上人来车往，实在是没有足够的地方给松下幸之助来练车。要练车的话，松下幸之助只好到巷子里去。他每天晚上勤加练习，一个星期之后，终于学会了骑自行车。虽然是歪歪斜斜的骑法，但这足以让他高兴得不得了。

当时的自行车在一般人眼里是还是稀有物品，价格还没有大众化。当时买一辆自行车要花相当多的钱，那时的自行车价位根本就不是为平民百姓设计的。

那时大部分的自行车都是美国货和英国货。

1908年东京三越百货大楼兴建完成时，年轻的店员骑上自行车满街兜风送货，那潇洒的姿态曾经轰动一时。

后来，自行车才变得和木屐一样普通，全国到处都可以看到，不但是清一色的国产品牌，甚至还向国外输出，这在松下幸之助小时候是做梦也想不到的。

松下幸之助在自行车店当学徒的工作并不单调，早晚打扫房间、擦桌椅、整理陈列的商品，这些事每天至少要做一次，然后是见习修理自行车，或做助手。

松下幸之助认为修理自行车的工作有一点像小铁匠，店里也有车床和其他设备，所以他也学会了使用这些机器。他从小就喜欢这类铁匠的工作。做起来不但不觉得讨厌，反而感到有趣，每天他都过得很愉快。

当时转动车床并不用电，还是工人用手转，这对年幼的松下幸之助来说颇为吃力。最初一二十分钟，他还可以勉强支撑，到了三四十分钟，他手就累了，没力气再转，怎么也扛不住了。

这时前辈工人就会用小铁锤敲一下他的头，乍听起来好像很粗暴，可是当时的工人就是这样。

做学徒都得经过这样一番“千锤百炼”，才能出头。如果有人不服气，或提出抗议都没用。如果有人真的提出抗议，还会因此惹上麻烦。松下幸之助认为做法虽然不合理，在粗鲁中却也有师徒之间沟通的成分。

松下幸之助一边当铁匠学徒，一边也跑腿快递，有时到顾客家去，有时也到主人亲戚家去办事。每当这时候，老板娘会亲切仔细地教他怎样说话，怎样向对方道谢才有礼貌。

光阴似箭，一年的时间好像做梦似的过去了。

主人的生意越来越兴隆，店员也增加到四五个人。松下幸之助虽然个子矮小，却已经跻身老店员之列了，他可以向新进店员耍耍威风了。这时候，自行车竞赛开始兴盛。总经理为了促销自行车，一方面培养选手，一方面组织后援团体到各地举行竞赛。

当时的大阪新报社也为竞赛出了不少力。主人家的“五代商会”，自从有了自己的品牌后，常有选手到店里光顾，因此，松下幸之助也想做一名自行车选手。

他每天早晨4时就起来，跑到竞赛场，骑着比赛用的自行车练习。集合在场上的选手，每天上午都有三四十人以上，所以后来就有人在竞赛场旁边开了一家小茶店。

松下幸之助虽然每天早上勤奋练习，可是他的进步非常有限，大概是没有这方面的天赋吧！不过，他去各地参加竞赛，也有好几次得过第一。

有一回，到淡路扳屋的竞赛会比赛，结果他又得了第一，观众夸奖他说："这个小鬼好厉害啊！"

还有一次，当他快接近终点时，自己的前轮撞到前面选手的后轮，松下幸之助的车子翻倒，他不省人事。那次他折断了左锁骨，到伊吹堂接骨场去治了一个半月才好。

为此，主人叫他不要再参加竞赛，就连松下幸之助自己也有几分后怕。自那以后，他就不再练习，也不再参加比赛了。自行车竞赛，流行一阵以后，就开始没落了。

松下幸之助这样一边过着学徒生活，一边也学习做生意。父亲一直在心里期望他有朝一日出人头地。

松下幸之助小的时候，肠胃不太好，又有尿床的毛病，常常尿在裤子里。类似这样的事，发生过好几次，每次他都是跑去找父亲帮忙解决。父亲每次都口头禅似的说："你快要发迹啊！大人物都是从小自做学徒干起，经过千辛万苦才成功的。不要灰心，要坚持啊！"

父亲把祖先的财产赔光，他对此一直很内疚，于是把所有的希望都寄托在松下幸之助的身上。

有一回，发生了这样的事情：在松下幸之助 11 岁那年，由于他和父亲都住在大阪，留在和歌山的母亲便搬到大阪来住。他的姐姐读过一些书，于是在大阪储蓄局计算事务所当雇员，一家人在大阪团聚。

那时刚好局里正在招工友，姐姐和母亲商量让松下幸之助去应聘。商量之后，母亲要松下幸之助好好利用这个当工友的机会，夜间到附近学校去读书。松下幸之助也很高兴地答应了母亲。

每天从母亲的身边去上班当工友，夜间还可以去上学，这当然比学徒要自由多了。于是松下幸之助请求母亲帮他换工作。

母亲说："我去问问你父亲，如果他同意，我就同意。"

谁知见到父亲时，父亲却回答说："你妈妈要你当工友，夜间去读夜校，我不赞成。我希望你继续当好学徒，将来出来做生意。我认为这是最好的一条路，不要改变志向，你继续做学徒吧！我知道现在有好多人连一封信都不会写，可都在做大生意，手下雇用了很多人。只要能把生意做成功，就能雇用有学问的人，所以绝对不要去当工友！"

虽然松下幸之助也想做一名工友，一边工作，一边学习，但由于父亲不同意，松下幸之助也只好放弃了。没有学问没有成为松下幸之助的遗憾。

没有上学，反而使他提早领悟其他方面的道理，才有后来的成就。

# 逐渐培养经商才能

在学徒时期，松下幸之助的商业天赋很早就表现出来。

来店里的客人常常叫松下幸之助去买香烟，他只好先把脏兮兮的手洗干净，跑到附近的香烟店。

次数多了以后，他开始琢磨："这样洗一次跑一次，又麻烦又花时间，如果大量买来放在店里，不是很省事了吗？既不用跑，又不必中断修车的工作，还有一点微薄的利润。当时一次买 20 包香烟，就赠送 1 包，所以卖 20 包就可以白赚一包，这不是一举三得吗？"

松下幸之助立刻将想法付诸行动。

谁知这么做了以后，他居然就出名了。有的客人说："你们店里的那个小弟真是聪明啊，将来必定能成为大人物。"

在松下幸之助 13 岁那年，他的学徒工资增高了，有时也有机会去访问顾客。松下幸之助一直想独立卖成一辆自行车。可是，当时自行车的价格还是很高，即使有顾客想买，也轮不到他这小徒弟一人去销售，顶多是让他跟着伙计送车罢了。

有一天，本町二段的铁川蚊帐批发商打电话来："送自行车给我们看吧！我们老板在，现在赶快送来吧！"

松下幸之助听了，以为好机会来了，精神抖擞地把自行车送到铁川批发商去。他虽然不是销售老手，却很认真地详细讲解自行车的好处。那时他才 13 岁，自己看来勉强可以算是乡下的美男子吧，但是人家却把他当作可爱的小孩。

老板看松下幸之助认真说明的模样，很受感动，摸摸他的头说："你很热心，是个好孩子。好吧，我决定买下来，不过要打 9 折。"

松下幸之助太兴奋了，所以没拒绝就回答说："我回去问老板！"

松下幸之助边说着边跑回来告诉主人："对方愿意打 9 折买下来。"

出乎松下幸之助意料的是，主人却说："打 9 折怎么行呢？算 9.5 折好了。"

这时候，松下幸之助一心一意想独立完成他的第一笔交易，很不愿意再跑一趟去说 9.5 折，竟对主人说："请您不要 9.5 折卖，就以 9 折卖给他吧！"一边说着，一边竟哭了出来。

主人感到很意外："你到底是哪方的店员呢？这是怎么回事？"

松下幸之助一直哭个不停。

过了一会儿，对方的伙计到店里来："怎么等了这么久呢？难道不肯减价吗？"

店主人说："这个孩子回来叫我打 9 折卖给你们，说着就哭出来了。我现在正在问他，到底他是谁家的店员呢！"

伙计听了，好像被松下幸之助的热心和纯情感动了，立刻回去告诉他的老板。铁川的老板说："真是一个可爱的学徒。看在他的分上，就按照 9.5 折买下来。"

终于成交了。这就是松下幸之助第一次成功地卖出自行车。

铁川的老板甚至对他说："只要你在五代商行，以后如果我们要买自行车，我们一定在五代商行买。"

这真给了松下幸之助很大的面子。

还有一件关于松下幸之助的事，有个工友耍小聪明，而且主人对他的印象也不错，但不知道为什么他竟常常偷店里的东西去变卖，充当零用钱。纸里包不住火，后来他的这种行为被别人发现了。

主人认为，这个人做事还不错，只犯一次过错，原谅他算了，说了几句训诫他的话，还是让他留下来了。

可是，松下幸之助知道这事以后很愤慨，就对主人说："如果这件事这样处理，我觉得很不得当。我不愿意跟那种人一起工作。如果要把他留下来，我就离开。”

主人听了，面露难色，可是最后还是留下了松下幸之助，开除了那名员工。

松下幸之助在少年时期富有才气和正义感。正是因为他从小培养起来具有创造的才智、诚实的天性，在他以后成为一个大企业家的过程中发挥了重要作用。

松下幸之助的父亲在事业上算不上一个成功人士，但他却不断地以他的爱鞭策着松下幸之助。

有一天，意想不到的事情发生了。

1906 年 9 月，松下幸之助的父亲忽然生病，3 天后就去世了。

母亲、姐姐和松下幸之助的哀痛不言而喻，最使他幼小的心灵感到难过的是：父亲做了不该做的投机生意，把祖先遗留下来的家产赔光了，虽然父亲对家族和祖先心存愧疚，他大概还是想挽回名誉吧！只要身边有了一点钱，他就不理母亲的阻止，去做他的投机买卖，直至死去为止。不论是非曲直，父亲那样的心态，让身为小孩子的松下幸之助也感到非常难过。

每次松下幸之助想到父亲的模样，考虑到在老家乡村里的父亲和家族的名声，又联想起父亲训诫他的话，他就勉励自己要好好努力。

父亲突然离开人间后，松下幸之助便成为松下幸之助家的户主，成为家中的顶梁柱，负起家庭的重担。

父亲死了之后，松下幸之助的母亲和姐姐都不愿意继续住在她们不大熟悉的大阪，于是她俩回到住惯了的和歌山市。只有松下幸之助留了下来，立志完成父亲的遗训。

户主的责任意外落到他肩上，也令他觉得这个包袱实在太沉重了。展望未来，少年人的面颊上几度露出跃跃欲试的神色。他的身体依然孱弱，可是苦难的境遇，把他的意志锻炼得钢铁一般坚强，他生来外貌柔和，内心却蕴藏着一股大丈夫对任何事无所畏惧的冲劲。

在松下幸之助学徒期间，当时的公休日只有过年、天长节和夏祭，其他日子都不休假。他服务的五代商行，算得上是新兴行业，看上去多少比别人时髦些，至少比船场边火盆店的主人家轻松多了。

可是，比起每逢星期日就休假的人，却还是差多了。因此，松下幸之助他们天天都盼望着过年、天长节和夏祭的来临。

还没到10月末，工友之间就开始谈起过年的计划，大家都期盼着新年的到来，于是更提起精神来工作。

松下幸之助每天的劳务可以说是从早忙至晚。当时学徒的衣食，在现在看来很奇怪，尤其是那种给学徒穿的衣服：中秋节和过年会发棉衣，夏天发单衣。有些商店会另外加上衬衫和裤子。

至于零用钱，十一二岁的小徒弟，每个月是三四毛钱。十四五岁的学徒，每个月有一元左右。松下幸之助从10岁至15岁，服务了6年，到离职时的薪金每个月只有两元。

这足以证明当时的工资很低，虽然领得这么少，但当时的学徒却是个个都有储蓄。除了攒钱之外，每逢过节他们可以添一件衣服，这很是让他们引以为乐。

当时的伙食是一日三餐，早餐是酱菜，午餐是青菜，晚餐还是酱菜，只有在初一和十五的午餐里才有鱼。所以过了初一，大家就都等待着十五午餐的鱼，觉得很有盼头。

松下幸之助在这几年，受老板和老板娘很多照顾，多少学会了一点做生意，也能替老板帮上一些忙。

这样一个有作有为的少年，五代商行的老板自然对他怀有好感，并且将他作为可靠的心腹。

在大阪船场街区，各行各业有着严格管教学徒的传统。老板们把经商的礼仪、规矩和经验等，通过工作中的严格指导，极为认真地传授给学徒，这是大阪商人维护自己声誉的突出表现。也正是因为要求严格，学徒们哪里做得不好，不管年龄大小，老板都会毫不客气地给学徒一记清脆的耳光。

五代自行车店作为船场街区的名店，对学徒的管束更为严厉。

每天很早的时候，五代商行老板就会吆喝大家起床，听到老板吆喝的小学徒必须马上起身，如果动作稍慢一些，就可能惹来老板的责骂："你们这样慢吞吞的动作，还不如乌龟快呢！你们在这儿是干活的，不是偷懒睡觉的！快，动作快点儿！"

每当老板发脾气的时候，总会有个女人出来劝阻："五代君，他们都是小孩子，动作自然慢一些，不要着急，好习惯也是逐渐养成的呀！"这个劝说五代商行老板的人就是车店的老板娘。

老板娘是一位善良、慈爱的女性，在日常生活和工作中给了学徒们母亲般的关爱和温暖。

她30多岁，体态丰腴，一头乌黑亮丽的头发，圆圆的脸，淡淡的眉毛，一双眼睛清澈明亮，总是漾出笑意。老板娘的衣着朴素，但很合体，看上去简朴，但透露出优雅和素养。她出身贫苦，读书不多，但举止、谈吐颇有大家风范，善良、聪明而有教养。

在松下幸之助等学徒的眼中，老板娘是天下最好的人。

五代商行老板夫妇没有孩子，因此把店里的学徒当成自己的孩子一样看待，学徒的饮食起居，都由老板娘一人照管，从早忙到晚。学徒们的衣服破了，老板娘就拿去缝补。每天除了忙店里的生意，还要上街买菜、做饭。每天开饭时，听到老板娘清脆、热情的声音传来，学徒们都一扫工作的疲劳，狼吞虎咽地吃起来。

虽然老板五代普吉对学徒十分严厉，但是对学徒们关照有加，总是让学徒们先吃，自己看店，直至学徒们吃完，才跟老板娘进餐，而且吃的和学徒们都一样。老板夫妇给予学徒父母般的关心与呵护，让店里也形成了有别于其他店铺的、家族式的亲近感。

每当松下幸之助需要出门办事的时候，老板娘总会帮他整理衣服，并仔细地教他怎样说话，怎样向对方道谢才有礼貌等。老板娘的慈爱和呵护，教会了松下幸之助许多做人处世的道理，也使得漂泊异乡的小松下幸之助心里倍感温暖。

但是因为松下幸之助的年纪小、身材矮小，即使是使出全身的力气，在工作中也会比别的学徒慢一些，并且有时难免说错话，办错事，这时老板会毫不客气地给松下幸之助一记耳光。

每当这时，作为学徒的松下幸之助总是含着泪回答："是！"

松下幸之助无论多么委屈，都不会表现出来。这时，老板娘总会把他搂到怀里，安慰说："阿吉（松下幸之助的乳名）呀，别委屈啦！老板是为了你好，他希望你能够做得更好才会对你这么严厉，千万不要记恨在心，要改正啊！阿吉也是个小大人了，应该辛勤劳动才能做大事啊，是不是啊，阿吉！"

小松下幸之助蜷缩在老板娘的怀抱中，真想一辈子不出来，听了老板娘的劝慰，感觉好像妈妈就在身边一样，于是他暗暗下定决心，今后一定要更加努力。

就这样，在老板娘的关照和呵护下，松下幸之助的工作和生活变得轻松了，遇到困难和受委屈时也不常哭鼻子了。

小松下幸之助经历了很多不幸，年仅 9 岁就离家独自营生，但他又是幸运的，他遇到了善良的五代夫妇，遇上了一位温柔、慈爱的女性——老板娘。她虽然不是松下幸之助的母亲，却给了他无微不至的母爱，让他在异乡求生不那么凄凉、悲苦和无助。

有一次，五代老板为了庆祝活动，要在店前照一张集体照。这对幼小的松下幸之助来说是十分值得期待的新鲜事儿，甚至照相的前一晚都没有睡好。

到了照相那一天，松下幸之助穿上新衣服先去一家客户那儿办事，但是客户那天非常忙，使松下幸之助未能按时回到店里。

办完事，松下幸之助跑着回到店里的时候，照相已经结束。看着满头大汗的松下幸之助，老板说："阿吉啊，本来我们想等你，但是照相师因为还有别的客人，就照了，你下次再照吧！”

还没等老板说完，倍感委屈的松下幸之助大哭起来。

老板娘走到松下幸之助面前，给他擦汗又抹掉泪水，心疼地说：“阿吉，别哭！”然后拉着他的手上街。

一路上，松下幸之助任由老板娘拉着自己的小手跌跌撞撞地走在路上，抽泣着。

老板娘带着松下幸之助来到照相馆，两人拍了一张合影。这件事给松下幸之助留下了深刻的印象，直至老年，他还不时拿出珍藏着的与老板娘的合影，不仅是因为这是他首次照相，更是为老板娘的慈爱所感动。

松下幸之助从小就有肠胃病，还有尿床的毛病，一天夜里，松下幸之助尿床了。尽管他谨小慎微，每天下午从不喝水，但这次不知怎么的，又尿床了。

他这一夜没有睡好，不由得想起了远在异乡的妈妈，以前妈妈为了防止松下幸之助尿床，总是在半夜的时候将他叫醒，而且即使弄脏了床，妈妈也会收拾得干干净净。可现在他身处他乡，躺在冰冷潮湿的被窝里又能指望谁呢？这是他从小就有的毛病，一直没有改好。

一开始，他时时注意，每天一到下午就不敢喝水，可是这天竟不知怎么就出了差错。

自尊心极强的他再也无法入睡，望着黑洞洞的天花板发呆。松下幸之助为了不让大家发现，天没亮就起来将被褥卷好等待老板喊他们起床。

也不知道等了多久，终于听到了老板的催促声，松下幸之助第一个从房子里出来，正好碰到打水的老板娘，她吃了一惊，“阿吉今天起得好早啊！”

松下幸之助只“唔”了一声，就赶紧跑出去干活，生怕别人知道他尿床。

这一天，因为尿床没有睡好的他显得无精打采。好不容易到了睡觉的时候，他却不愿意钻进尿湿的被窝，可是又没有办法，只能无奈地躺了下去。

“咦？被子怎么是干的啊！”松下幸之助心里“咯噔”了一下，松下幸之助盖的是一床新被褥，那自己尿湿的被褥呢？

“一定是老板娘看我起得太早，就检查了我的被子。”

“坏了。这可怎么办啊，尿床的事还是被人发现了。”松下幸之助此刻觉得好丢脸。不过，还有一件事更让他犯难：“要是我今晚再尿床可怎么办呢？总不能天天让老板娘给我换新被子吧？这可怎么办啊？”

于是他决定等上了厕所再睡，可是由于昨晚没有睡好，又劳作了一天，不一会儿，他就进入了甜甜的梦乡。

睡得迷迷糊糊的松下幸之助感觉有人在推自己起床，还给他披上了衣服，让他去撒尿。松下幸之助以为是在家中，不由得喊了一声“妈妈！”

老板娘一听，忙问道：“阿吉，你叫我什么？”没有子女的老板娘早已把松下幸之助当成自己的孩子了，这一声“妈妈”喊得老板娘心头一喜。

这一问，松下幸之助就完全清醒了，他不好意思地钻进了被窝。

老板娘拍了拍躲在被窝里的松下幸之助说：“阿吉呀，别不好意思，以后我会天天叫你起来撒尿的，直至你自己能起来为止，还有，被褥弄湿不要藏起来啊！”

听了这番温暖的鼓励话语，松下幸之助的眼泪止不住地滚落，并使劲儿地点头。从此以后，老板娘天天夜里都会按时唤醒松下幸之助，这样过了几个月，松下幸之助就改掉了尿床的毛病。

此后该是松下幸之助报答主人的时机，老板对他也有所期望，偏偏在这个时候，在入店第七个年头，他却决定要辞职，想要进入与自行车没有直接关系的行业里去，希望进入一个新的、更有意义的生活环境。

当时松下幸之助很认真地拟订了这个荒谬计划，后来果然被证实是令人喷饭的傻事。后来，自行车越来越普及，价格降低了，需求升高了，老板的生意已由零售店发展到相当大的批发商，自行车已进入实用时代。

就在这时候，大阪市计划要在全市铺设有轨电车轨道。从梅田经过4座桥的筑港线已经全通，其他路线的工程也在积极进行。

松下幸之助认为有了电车以后，自行车市场的需求就会减少，因此他对自行车的未来并不感到乐观；另外，他开始关注电机事业。

松下幸之助的心动摇了。虽然对老板十分抱歉，他还是下定决心辞职，然后转业。

日俄战争结束后，日本产业界进入第二次革命的阶段，大阪市街景大异往昔，许多家庭开始使用电灯，古老的商店改建成西式洋房，大型工厂也到处可见，烟囱里冒出的黑烟，更加醒目，工厂工人取代了学徒，工人以及薪金阶级越来越多。由于重工业的发展，日本已朝向近代工业国的方向迈进。

由于对主人家很留恋，辞职使松下幸之助左右为难。后来，松下幸之助把心中的计划向他的姐夫龟山表明，征得他的赞同后，松下幸之助请他帮忙交涉进入电灯公司当职员。

虽然已经下了决心，到老板面前时，松下幸之助却开不了口。

一天过去了，两天也过去了，这样拖下去是不行的，松下幸之助就叫人打过电报来，电报里谎称母亲病危。

老板为此吓了一跳，很为松下幸之助担心。同时，他也已觉察到这几天松下幸之助的行为颇有些异常，就对他说："你也许因为母亲生病而担心，可是，如果你有意辞职，可要老实说出来。我觉得你最近总是坐立不安。你已经为我工作了6年，你要辞职，我不会不答应的。”

可是，松下幸之助怎么好意思承认呢？他一再地在心中向老板道歉。然后，只带了一件换洗的衣服离开了主人家。就这样，他一走便没有再回去。

松下幸之助写了一封信，向他道歉并辞职，结束了学徒生涯。

后来松下幸之助到电灯公司工作，大约半年之久，只要有休假，他都回到主人家去整天帮忙做事。

老板对他说：“你还是回来吧！你现在领多少薪金，我们也给你多少。”

这是一番好意，可是松下幸之助却没有接受。他去帮忙完全是因为对整个店有说不出的感情，并不是其他的意思。后来，松下幸之助忙于自己的事业，和五代商行老板慢慢地不通音信了。

# 初露才华

松下幸之助从五代自行车公司辞职出来，立即向大阪电灯公司申请找事做，不巧得很，此时该公司没有空位，让他等待补缺，就这样，推迟了数月之久。

当时的电灯公司还是民间的私人公司，社长是土居通夫。本来说好立刻要录用的，可是不知道为了什么，半个多月过去了，松下幸之助还是没有消息。

帮松下幸之助介绍工作的人说："本来说好立刻上班，可是人事股说，要等有空缺才能正式录用，所以，只好请你再等。"

这使松下幸之助相当为难，尤其是他没有积蓄，一直都在姐夫龟山家做食客，每天无聊的日子让他难以忍受。于是他就跟姐夫商量，要做临时工，姐夫帮他找到了工作。

那时他上班的公司，是位于筑港新生地的樱花水泥股份公司。这家水泥公司的资本有10万日元，是新创立不久的公司。

松下幸之助的姐夫在那里当工厂职员，这对他到那里工作有方便之处。可是，当时松下幸之助才15岁，还在发育之中，而其他的搬运工个个强壮，多半是力大气粗的莽汉。

跟这些人一起工作，实在可怕，真担心不能胜任。尤其是要把水泥放在台车上推来推去。这样的工作实在让松下幸之助吃不消，常常会被后面推来的台车赶上，好几次几乎相撞。

每次这样，后面的工人就粗鲁地说："喂，小鬼，快推啊！慢吞吞的会被撞死啊！"

松下幸之助虽然拼命推，可是力不从心，真不知如何是好。

干了10天左右，监工看到松下幸之助实在心疼，就同情地说：“你的身体不是在这里工作的料，赶快去找别的工作吧！”

后来松下幸之助被派到工厂里去，担任看守测量水泥机器的工作。这是制造水泥的中心工厂，整天都是粉尘弥漫，使人看不见5米之外的东西。就是用布包住眼睛和嘴，一小时之后，也会满嘴粉尘，喉咙也开始疼痛。

虽然不费体力，可是那种灰尘满天的场所，松下幸之助一天就投降了。只好回去做原来的搬运工。“习惯成自然”的力量是很伟大的，慢慢地松下幸之助也就习惯了搬运的工作，勉强可以胜任了。

这家水泥公司后来因为经营困难已经不存在了。工厂建在填海新生地上，每天都有小蒸汽船从筑港的码头出发，公司职员和工人都坐小蒸汽船来上班，如果误了上船，那一天就要休息了。所以大家上班都很准时。

工厂作业从早上7时开始，船从码头出发是6时30分，所以松下幸之助每天早晨一定要在6时以前从家里出发才来得及。每天早晚坐小蒸汽船，在港内通勤，正值夏季，海风微微吹来，那种感觉无法形容，尤其对一整天在灰尘中工作的人来说，更是痛快无比。

欣赏风景之余，还能充分体会劳动之后的轻松快乐，养精蓄锐以便明天再干活，这对他们来说是一种享受。

有一天，松下幸之助坐在船边，看着夕阳，享受迎面吹拂的海风，有一个船员走向他，不知道什么缘故，脚一滑，掉了下去。当他掉下去的一瞬间，忽然抱住了松下幸之助。

于是松下幸之助也在刹那间掉到海里去了。他在海水中挣扎，等到浮出水面时，小蒸汽船早已经开到300米外。

这时候，松下幸之助忘了害怕，拼命游泳，幸亏是在夏天，他也会一点游泳，所以能苦撑到蒸汽船回来，救了他一命。如果是冬天，恐怕就没希望得救了。

这件事和做搬运工以及在粉尘满天的工厂里看守机器，虽然都是短期内发生的事，但在松下幸之助的心中，这些体验带给他很多好处。

前后工作了3个多月，介绍人才通知他，大阪电灯幸町营业所内线员有空缺，可以去报到了，于是他赶快去办理就职手续。

松下幸之助就职于大阪电灯公司的时候，正是日本明治皇朝接近尾声的年代。日俄战争的结果，表面上日本是胜利了，实际上，日本的经济能力却萎缩下来。

当时内线组的主任干叶恒太郎，是一个有江湖老大味道的人，很有威严，松下幸之助第一次被他叫去谈话并向他道谢，心里又高兴又害怕，感觉很复杂，当时松下幸之助在心中发誓要在这里拼命工作。

就这样，1910年10月21日，在松下幸之助15岁的时候，他终于踏出了步入电器界的第一步。

大阪电灯公司是当时电气事业中较为特殊的一家。它和大阪市订立了《报偿合约》，获得大阪市电器供应独占权，同时规定必须对市政府提供一定报偿作为公益。

当时的电器事业，仍以电灯电力为主，一般大众只有通过电灯才感到电的存在。街上更不像今天这样到处是电器企业。只有电灯公司的人才能处理电。大家都认为电很可怕，一碰就会死。

大家也都把电灯公司的技工或职工，当作特殊技术人员，十分尊重。

松下幸之助在电灯公司担任内线员见习生，是做屋内配线员的助手，每天为了上工常到客户家去。

助手的工作是：拉着载满了材料的手推车，跟在正式技工后面走。这手推车一般人都叫作“徒弟车”。当时有很多商家都用这种车，虽然车身轻，却很难拉，效能很差，只要载上一点东西，就会使拉车的人感到沉重。

松下幸之助就是拉这种车子到客户家去帮忙做工的。这一家做完了要到下一家去，这样转了五六家之后，16 时多才能回到公司。由于他过去 3 个月在水泥公司当过临时搬运工，所以不感到太吃力。

往来于不同的客户间，还可遇到各种各样的人。这些事情比起水泥公司的工作实在有趣多了，一点儿也不觉得辛苦。一两个月后，松下幸之助对配线工作已经相当理解了。简单的工作只要有正式技工看着，他也会做，他对工作的兴趣也越来越浓。

在幸町营业所内线组工作 3 个月后，由于公司扩充，要在高津增设营业所，松下幸之助被派去当那里的内线员，同时由见习生升级为正式技工。

那时候，因为是扩充时期，从见习生升级为正式工人的机会较多。可是，在 3 个月这么短的期间内就升级为正式的工人仍属破例，何况松下幸之助的年纪只有 16 岁。他非常幸运，因而更加努力工作。

见习生和正式工人，虽然同样是工人，待遇却有天壤之别。按照惯例，见习生要对正式技工绝对服从，还要替他端洗手水，为他修理木屐，很像师徒关系。因此，见习工非常渴望升职为正式职工。

做工人的当时有自夸技术或与别人比的风气。只要技术好就可以傲气十足，技工与技工之间竞争很激烈。松下幸之助做了正式技工之后，初次出去工作，比起往日感觉有如从平地登上富士山。

16 岁就做正式技工的松下幸之助，每次都带着 20 岁以上的见习生出去工作。松下幸之助的技术非常好，在同事中相当有威信。松下幸之助常常被派到高级住宅去维修安装。

因为他的年纪小，再加上当时的人对电缺乏认识，所以，常常有人夸奖他说："你年轻有为，可真是了不起的人才！"

松下幸之助在工地是很被重视的，常常被客户指名担任特殊工程。当时的电灯公司，从不把电灯工作交给承包商去做，都是公司直营，所以大阪市内的新增设工程，小至普通住宅、店铺，大至剧场、大工厂，全部经由公司职工完成。

松下幸之助在7年之间做遍所有的工程，其中有几件给他留下了深刻的印象。

1912年，每日新闻社在滨寺公园开辟海水浴场，浴场要设置广告装饰灯。这种装饰灯在当时十分罕见，公司非常重视，把它作为创牌子的重点工程。公司选拔了15名优秀的技工参加，松下幸之助便是其中之一。当时松下幸之助18岁。

去滨寺公园有电车，但班次很少，那时的城市人流量不太大，但真正要办事的，又一时坐不上车。松下幸之助由此想起五代先生的预见，他说："有了电车，还得有自行车，就像古代有了木车，还得有轿子一样。"

工程组没办法坐电车通勤，误了一趟，就要等好长时间。可大家又没有自行车，于是经公司批准，住在公司旁边的旅馆里。大家都不曾集体住宿做工，异常地开心，夜间或唱或跳或聊天或下棋。

白天，大家全力以赴投入工程。两周后，工程如期完成。装饰灯首次采用明灭控制装置，这在当时是高难复杂的技术活，大家像迎接挑战似的对待它。

试灯那天，公司和每日新闻社的头目都赶到了现场，在海风及海涛声中，美丽的装饰灯忽明忽暗，如同神话一般，众人高呼"万岁"。

劳动的喜悦，只有劳动者才能真切体会到——这是当时松下幸之助最深刻的感受。在电灯公司，松下幸之助参与的重要工程数不胜数。松下幸之助不像一些头脑简单、四肢发达的技工，除了做活赚钱，心无二想。

松下幸之助遇事喜欢思考，思考的范围有时跟所做的工作毫不搭界。

松下幸之助去田中四郎家装彩灯，田中是个有名的画师，他的画比其他画师要昂贵得多，还不容易买到。松下幸之助带见习生装灯，田中一直陪着，口里不停地夸奖松下幸之助："你真了不起，年纪这么轻，就能够掌握电的知识！"

松下幸之助确实有些飘飘然，但一想："我有什么了不起？其实很简单。你画得那么好才真正不简单，画什么像什么，都给画活了。将来电气普及，人们该不会把电气工看得这么神，就像最先骑自行车的人，人们像看伟人一样看他。现在骑车人多了，人们连看的闲情都没有了。"

这种想法多了，促使松下幸之助不再满足只做一名电气技工。

在八木与三郎的住宅工地，松下幸之助为其工程的浩大而惊叹不已：住宅及庭院占地差不多相当一个运动场，松下幸之助带领一个工程组包揽住宅的电气工程，领略了主人的大家气派。

八木总是说："慢慢做，仔细些，慢慢做才能出细活。"他丝毫不计较工程的人工费。

一家人，要住这么大的地方干吗？松下幸之助觉得不可思议："我的家还没有这里的酱菜房大，住人都绰绰有余，这真是浪费呀！他家是钱多得没地方用，还是确实需要这么大的房屋和地盘呢？真是怪哉！"

没钱的人不可按自己的套路去为有钱的人设想——这是松下幸之助最初的结论。松下幸之助的这一想法，后来延伸到他的经营思想中去，即"不同的人有不同的需求"。

浅野总一郎的建筑，更是令人叹为观止。无论外表或内装修，都像一座宫殿，堪称日本建筑艺术的精品，可当时，因其豪华奢侈，引起众多人士的批评。

松下幸之助正带一组技工铺设那里复杂的电路，松下幸之助感到自豪：我参与了这幢著名建筑的建设，现在虽然有人攻击，但以后人们准会赞美它，还会说浅野是位了不起的人物，他留下了不朽的东西。

这股批评的浪潮，在建筑大功告成立后便烟消云散。浅野在这里招待的外国客人都特别欣赏这幢宏伟建筑。这幢建筑不单属于浅野，同时还属于日本。

松下幸之助在半个多世纪后回忆这幢建筑时说：置身其中，会激发世上的人都必须成功立业。

松下幸之助有“胡思乱想”的毛病，正是在做电气工时开始的，很多想法，跟电气工无关，这种“毛病”其实是一种可贵的品质，这使得未来的松下幸之助没有成为一个简单的商人，而是具备独特经营思想的一代企业精英。

松下幸之助认定电气是个极具发展前景的行业。运用范围不断扩展。一年后出的东西，是一年前无论如何也想象不到的。

松下幸之助力求在技术上精益求精，虽然他是公司同行中的佼佼者，却不敢丝毫松懈，一旦疏忽，就会被日新月异的电气行业淘汰。

松下幸之助住在同事金山君家，从 16 岁一直住到 20 岁结婚时才离开，每月食宿费七八元。金山君是个很随和的兄长，金山妻子待人热情周到。松下幸之助的感觉就像住在自己家里一样。

寄宿在金山君家里的，还有一位叫芦田的同事。芦田和松下幸之助同年生，高小毕业，这在同辈人里是了不起的学历。但芦田却不满足，每晚去关西商工学校继续深造。

芦田的理想是做电气工程师，他在公司里很受重视，是个前途无量的青年。芦田与松下幸之助很合得来，两人常在一起聊天。

芦田当时竭力劝松下幸之助也去读商业的夜校，松下幸之助犹犹豫豫，始终下不了决心。松下幸之助当时“要发迹”的野心，还只是日后做一名出色的电工技师。他对手工实践的兴趣大于对理论的追求。他认定自己不是读书的料，对具体操作却情有独钟。

松下幸之助对芦田的求知好学，只有羡慕之心，而不想去做。

有一次，金山的妻子请芦田写一张“注意事项”，内容大意是节约用水，保持清洁，然后贴在水龙头旁边。

芦田的字龙飞凤舞，遒劲有力。看过的人都称赞说：“芦田的字，比大学生写的字还漂亮。”

这件事，对松下幸之助的刺激很大。他日夜反省，终于下决心读夜校。松下幸之助也知道，读夜校，未必就能写好字。

可那时，电气工都以求知为新潮，认为没有电气知识最终是不行的，松下幸之助想起一个很实际的例子，自己只会这样那样地接线装开关，听到客户的夸奖就得意忘形，可客户一问起其中的原理，便茫然不知，呆若木鸡。

1913 年 4 月，19 岁的松下幸之助报名进了关西商工学校夜校部预科。预科有 500 多名学生，大多都是新兴行业的产业工人，每晚 18 时 30 分至 21 时 30 分上课。

松下幸之助 17 时下班。匆匆赶回金山君家吃饭，又匆匆赶往商业夜校。时间紧，路又远，挤过电车便要跑步才能赶到。

松下幸之助忙碌了一年，总算拿到了预科文凭。同一届有 370 多人拿到毕业文凭。松下幸之助的成绩属中等偏上。这个成绩打消了松下幸之助的自卑感，因他仍不以为他能够在求学上出人头地——正如父亲松下正楠预言的那样。

松下幸之助进了本科的电机科，这跟他从事的职业密切相关，不像预科，什么都学一点儿。

入学以后，松下幸之助遇到了一个很大的麻烦，他不会做笔记。他的基础使他的接受能力远没达到一听就懂的程度。电机原理的课程本来很深奥。如果不做笔记，无法温习功课，所以，很难听懂老师讲的课。

松下幸之助知难而退，中途辍学。他当时为自己的懦弱行为找了一条冠冕堂皇的理由，父亲曾告诫他：只要做成大生意，你就可以雇用有学问的人为你服务，而不在乎你有多少知识。

但松下幸之助始终认为："书本知识对一个人来说是很重要的。"他同时又认为："一个人要有自知之明，要善于扬长避短，朝适宜自己的方向发展。"

松下幸之助从求学的竞争中败下阵来，迫使他在实际工作中与同事争个高低。

当时，电影在日本的大城市开始普及，引起市民的极大兴趣，与电有关的事物层出不穷，因此更加坚定了松下幸之助在电气行业施展才能的信心。"好好干呀！"松下幸之助常常用这句话勉励自己。

电影的出现，使古老的歌舞伎一度萧条。当时的旧式剧场竞相改造成西式戏院——既可放映电影，又适合西式或日式歌舞戏剧表演。大阪的芦边剧场就是其中之一。

电灯公司负责很多剧场改建的电气工程部分。这项工程，都事先进行了周密的工程设计：户外有广告装饰灯，大厅配有玲珑剔透的艺术灯具，舞台则配备了各种功能的照明灯，电影机工作房还配有复杂的电路开关板。

电灯公司把这项工程当作大战役来完成，派出主任技师松阪做监督员；组织了3个工程组进行施工，全都是技术高超的精干的技工。松下幸之助是3个工程组的总管，可见他深得公司的器重。

这一年，他才20岁。

整个工期是6个月，电气工程与建筑工程同步进行，电线要经常穿过墙体，需要通知建筑工预留管线，否则墙体粉饰好再打洞，不但麻烦，而且后补的粉饰与原来的怎么做都不能一个样。还有，管线必须利用建筑工的脚手架，如果脚手架拆了再装线，那会费工费时。因此，两项工程的协调工作就显得非常重要。

建筑工与电气工似乎是两个世界的人，建筑工几乎都没文化，并且十分粗鲁，加之电气工一贯心高气傲，惹得建筑工反感。所以在施工时，建筑工会故意刁难，态度粗暴蛮不讲理。

相比之下，有小知识分子之称的电气工，显得书生气十足，在争执中，根本不是建筑工的对手。

松下幸之助最感吃力的就是协调工作。他从小就不是口齿伶俐的人，加上体弱，性格又懦弱，见到人高马大、一脸凶相的建筑工就心惊肉跳。可他是总管，又不得不出面解决充满火药味的各种纠纷。

幸好，建筑包工头还是个通情达理之人，松下幸之助毕恭毕敬，向他陈述自己的种种难处和弱点。松下幸之助的坦诚感化了他，他主动配合松下幸之助协调双方的进度与争执。松下幸之助渐渐发现，外表野蛮的建筑工，其实心地不坏。

松下幸之助在这里上了处理人际关系的第一课。这对他未来的经营，有着很好的启迪作用。由于最初的协调工作未做好，工程未能如期完成，不得不把试灯的日期后延两三天。

剧场主人时时来催问："到时候灯会亮吗？"

松下幸之助总是以肯定的语气答复说："会的，请放心！"

其实他心中也不是十分有底，因为毕竟是第一次接触这么浩大而复杂的工程。

时值12月，寒风刺骨。未完成的线路正好在户外，又要夜间加班，人站在高高的脚手架上，真是不胜其寒。工人已连续加班加点，个个筋疲力尽，双眼通红，再这么下去，人非垮掉不可。

松下幸之助召集工人训话，大意是："这个剧场是要放电影的，大阪有好些人都等着看电影呢！到时候放电影没有电，大阪市民就会骂我们没有本事，还会骂我们电灯公司！大家明白了没有？”

松下幸之助结结巴巴讲完这席话，满脸绯红，他自以为讲得很蹩脚的话，却包含了很实在的内容。

工人一时精神大振，士气高昂，连续三天三夜没有睡觉，拼命赶工。终于试灯成功，保证了剧场如期开业。通过这件事，松下幸之助感觉到精神鼓舞的巨大作用。在日后的经营中，训话成为其中一项重要内容。

在开夜车之时，风寒加疲劳，身体一贯虚弱的松下幸之助得了重感冒。他硬撑着工作等工程结束后，他病情开始恶化，转为肺尖炎。松下幸之助没有告病假养病，因为休病假是要扣薪水的，经济上承受不了，他忍着疾病坚持上班，也就慢慢痊愈了。

下一个工程是新建的南方演舞场。这是一幢宏伟的宫殿式建筑，设计与施工堪称超一流水平。演舞场的电气工程自然由电灯公司承包，工程由公司的前辈技师前家君总负责，松下幸之助做他的助理。电气工程较芦边剧场还豪华，由于有芦边剧场的施工经验，工程进展比较顺利。

这个演舞场，是南方艺伎专用的排练兼公演的地方，因此，是艺伎界的一件大事。临近落成日，前来参观的艺伎络绎不绝。她们一个个打扮得花枝招展，争妍斗艳，袅袅婷婷走来走去，弥漫开一阵又一阵芬芳。

松下幸之助哪里见过这种场面，他仿佛置身于传说中的中国皇帝的后宫。松下幸之助不敢正视她们，她们却偏要对松下幸之助媚眼流波。松下幸之助貌不惊人，全是因为那时电气工地位特殊，更何况，年少的松下幸之助还是电气工的头目。

艺伎们围着松下幸之助问这问那，灯是什么颜色；怎样开灯关灯；用电时会不会被电打死……还有不少问题是关于松下幸之助本人的：什么地方人；有兄弟姐妹几人；在哪学的手艺；一个月多少薪水等。

松下幸之助天生害羞，从未有过跟姑娘接触的经验，更何况这都是些娇艳而风流的艺伎。松下幸之助舌头打结，不知怎么回答，脸红得像涂抹了胭脂，羞涩难当。松下幸之助越是这样，艺伎们越是“叽叽喳喳”地取笑他，莺语浪笑在大厅里阵阵荡漾。

松下幸之助在自行车店时的同事来看他，见松下幸之助被美女簇拥，很是艳羡，便对他说：“幸之助，你真幸福！”松下幸之助想想，还真觉得是这么回事。

工程完工后，演舞场举行了盛大的开业庆典演出。松下幸之助有缘目睹演出的盛况。他是按照协议，由公司派去做演舞场的电气管理员，总共3周，3周内教会演舞场的电气工管理电气，最后办交接。

这是一份美差，别的不说，能够免费看到各地艺伎的演出。这是关西最高级的演舞场，票价之昂贵，一般工薪阶层是不敢问津的。

松下幸之助白天在公司上班，晚上5时至22时就待在演舞场。演舞场的人士很看重松下幸之助，称他为“电气先生”。电气先生每晚都能品尝到美味可口的夜宵。如果客满，还能得到一份客满红包。

当时日本最著名的艺伎八千代也被请到演舞场演出。对艺伎十分陌生的松下幸之助，却非常熟悉八千代的大名——她是一位被神话了的女人。

松下幸之助第一次在很近的距离看到她，便觉得她美丽的外表、高雅的气质、迷人的声音，完全与她的巨大声誉般配。公司的同事得知松下幸之助亲睹八千代的芳颜，很是羡慕。松下幸之助自己也觉得十分荣幸。

在八千代演出的日子里，场场爆满，并且票价远比平常贵。场主给八千代很丰厚的红包，八千代从不自己独享，而是拿出相当一部分来奖赏伴奏伴舞之类的有关人员。

令松下幸之助吃惊的是，他也得了一份，还是八千代亲手给他的，并说了一番“灯光真美妙，万分感谢”之类的话。松下幸之助真是受宠若惊。

在后来的日子里，松下幸之助经常回味在演舞场做电气先生的得意时光。也许是家庭及人生经历的变故频繁，松下幸之助不由得往坏处设想：有朝一日，什么都用上电，人人都知晓电气常识，电气工还有这般荣耀吗？

松下幸之助暗暗忧虑起来……

# 艰辛创业之路

经营者除了具备学识、品德外，还要全心投入，随时反省，才能领悟经营要诀，结出美好的果实。

——松下幸之助

# 创伟业的雄心

松下幸之助在大阪电灯公司的岁月，遭受的最悲痛的事是母亲的去世。母亲是在父亲去世后，迁回到和歌山居住，始终带着未出嫁的女儿过着清贫的日子。

母亲是个传统观念浓厚的妇女，她没父亲那份“野心”，也不会向儿子讲那么多安身立命的大道理，她只是默默地把爱无私地给予她众多的子女。

松下幸之助回去奔丧，见到几位姐姐，为自己未尽孝道而内疚万分。这种心情随着年龄的增长和事业的成功而越加沉重，他现在有条件让饱受磨难的双亲享享清福，作为儿子报答双亲的养育之恩，可父母却未能看到这一天。

松下幸之助回大阪后不久，嫁给龟山的姐姐说：“家里没人祭祖，当地习俗是成了家的男性后代才有资格祭祖，你得赶快成家。”

当时松下幸之助正读关西商工夜校，一天到晚忙得四脚朝天，便说：“还早，还早。”“我实在抽不出空。”“现在新式工人不比老式工匠和农民，10多岁就成家。”他每次都以种种理由推辞掉。

那时的日本人，普遍早婚。松下幸之助把婚姻大事看得很淡，一方面是他沉迷于学艺；另一方面是他体质羸弱，尽管他正值青春期，他却不像其他年轻同事那样对姑娘们敏感且好奇，谈起这类话题来眉飞色舞，兴奋异常。

待松下幸之助在西工夜校辍学，姐姐重提结婚成家之事，说这还是母亲生前的意愿，你是家里的独根，母亲早就盼望抱孙子。松下幸之助辍学以后，突然觉得晚上无所事事，萌生出一股莫名其妙的寂寞感，心里想："好，就由姐姐为自己张罗吧！"

别看松下幸之助从来不把婚姻大事放在心上，可真正当起一回事来，他还蛮挑剔的。

姐姐给松下幸之助看过不少姑娘的照片，他都不怎么满意，也说不上她们哪儿不好。当然，也有姑娘看不上松下幸之助的时候。那时候电气行业的员工很吃香，所以松下幸之助总是不慌不忙。

松下幸之助21岁那年，姐姐兴冲冲地赶到松下幸之助住的地方，对他说："九条开煤炭行的平冈先生，介绍一位小姐，你觉得怎样？听说是淡路人，高等小学毕业之后，又读裁缝学校，毕业后到大阪的世家见习做制衣的佣人。无论如何，先相相看。你愿意的话，我就跟平冈先生联系。"

姐姐的口气似乎很肯定，让他非去不可，好像错过这村就没这店。也难怪，此小姐高小毕业，又是世家的佣人。这两点，对普通人家出身的小姐来说，都是不同寻常的。

松下幸之助答应相亲，为穿什么衣服，很伤了一番脑筋。最后花了5.2元，赶制了一套礼服。

相亲地点在松岛八千代剧场正对面的广告牌下。晚上19时，松下幸之助由姐姐、姐夫陪同按时赶到那里。时值5月，温暖的海风夹杂着花的馨香徐徐吹来，夕阳西沉，绯红色的夜空渐渐变成瓦蓝。这是个充满浪漫情调的暮春之夜，可当时的松下幸之助一点也没感觉到浪漫，心情异常紧张。

松下幸之助一边看广告牌，一边看千代崎桥的方向，小姐服务的东家就在那个方向。他反反复复交替着做这两个动作，不知道今晚上演什么剧目，只知道行人很多，大概会有什么名伎登台吧！

等了许久，姐姐有些不耐烦："怎么还不来呢？"焦急地跨起脚东张西望。

这时候姐夫道："来了！来了！"

其实小姐已来了一会儿，躲在人群后面，不好意思露脸。

广告牌下还站有好些闲人，他们一见这情景，就笑着轻声议论：“咦，咦，是相亲的，是相亲的。”

松下幸之助一听羞得满脸通红，心里“咚咚”地跳个不停，暗想：“真羞人啊！”赶忙把头低下。稍稍镇静后，怯生生地偷看一眼，小姐已站到了广告牌附近。

这时，姐夫拍着松下幸之助的肩：“幸之助，看啊！看啊！赶快看啊！”

松下幸之助鼓起勇气抬头再看，已经太晚了，小姐正侧着身子向着广告牌，而且微微低着头，大概也非常害羞吧！松下幸之助只能看到她的背影，又不敢走近去看个明白，真是尴尬！

正当松下幸之助犹豫不决时，小姐就低着头走开了，接着就像逃跑，越走越快。松下幸之助在心里叫道：“哎呀，糟糕！怎么就走了呢？”

事后，松下幸之助想，小姐大概也什么都没看清，就难为情地跑开了。姐姐问松下幸之助：“幸之助，你看小姐怎样啊？”

松下幸之助直发愣，无法回答好与不好。

姐夫说：“我看不错，好，就这么决定下来。”

松下幸之助想：“姐夫年龄大，又老练，他说不错，兴许就不错。”

这一年的9月4日，松下幸之助与井植梅乃小姐举行了婚礼。跟现在婚礼的奢侈排场相比，实在是太简单了。婚礼花了60多元钱，其中30元还是借的。这对当时的松下幸之助来说，确实不简单了。

那时的年轻人，不兴恋爱风气。井植小姐的家世，是婚后才慢慢了解的。她的老家是兵库县津名郡淡路岛，父亲名叫井植清太郎。井植家族世代务农，到清太郎这一代，社会发生剧变。

清太郎跟幸之助的父亲松下正楠一样，不再安心务农。清太郎购置了一艘名叫“清光丸”的船，干起了海上贩运，去过最远的地方是朝鲜。

井植家与松下幸之助家一样，都是8个兄弟姐妹。不过井植家是五姐妹在前，三兄弟在后，梅乃在五姐妹中排行老二。

清太郎跑海上运输赚了一些钱，加上他接受了新思想，所以尽可能让子女上学。梅乃比松下幸之助小两岁，结婚时19岁。婚后不久，梅乃的父亲就病逝了，井植家便渐渐衰败。

梅乃温存贤淑，相貌也还可以，加之高小毕业，在东家见过大场面，举止神态算得上得体大方。松下幸之助对夫人还是满意的。

成了家就会产生一份责任感，人也会变得相应成熟些。松下幸之助体质弱，常常患病。这种身体状况的人，特别容易多愁善感。松下幸之助有胡思乱想的毛病，自然与他的身体有关。

婚后的松下幸之助，身体跟婚前一样糟，但他的思绪却不像婚前那么漫无边际，漂浮不定。

他老是在思考这个问题："我非得做个成家立业的人不可。"立业的意念常常会油然而生。

不过，那时的松下幸之助，对如何立业，心底仍是一片模糊。可他本人在电灯公司一帆风顺，升级加薪之快连自己都觉得吃惊。婚后的第二年，22岁的松下幸之助被提拔为检查员。这是公司技工梦寐以求的职位，而松下幸之助还是所有检查员中年纪最轻的一位。

检查员的工作是：前往客户家检查前一天技工完成的工作，一天大约要查15家至20家。这是个责任很重的工作。但松下幸之助轻车熟路。公司的技工都是他的老同事和老部下，他对每个技工的技术和责任心了如指掌。

松下幸之助对待工作兢兢业业，从不迟到、早退。有一次，他骑着自行车上班，为了赶时间他骑得非常快，结果为了躲避一辆迎面开来的汽车，松下幸之助撞到了墙上。他放在箱里的材料，都散乱在马路上，自行车也给撞得七扭八歪。周围一大堆人站在那儿看。他心想："这一下完了。”他还是试着慢慢站起来，咦！真奇怪，简直是不可思议，只受一点皮肉之伤。松下幸之助暗自庆幸。

在提升做检查员之前，松下幸之助就开始了电灯插座的改良设计。他是完全利用业余时间进行的，他喜欢手工方面的设计与创造；同时，松下幸之助觉得公司对他不错，他应该对公司作一点贡献。

经过上百个不眠之夜，终于做成了一个试验品，松下幸之助打算先给主任鉴定，请他提出改进意见；再请公司纳入研究计划，最后把现有的插座都改成这种新型产品。

第二天，松下幸之助充满自信地对主任说：“有一样东西，是我一手设计出来的，恭请主任看一看，是一样非常美妙的新东西！”

主任瞥一眼得意扬扬的松下幸之助，饶有兴致地说道：“很好！很好！可到底是什么东西呀？快拿出来让我见识见识。”

主任把插座放在手心端详，又看着松下幸之助期待的眼神，松下幸之助开始如数家珍，介绍新型插座的种种优点，心想：这么好的东西，主任是没法拒绝的，肯定会大大夸奖我一番。

没想到主任迎头泼来一桶冷水：“松下君，这东西不行，完全没有希望。你的设计思路不对头，制作也有问题，根本就不该拿出来嘛！”

听完主任的一席话，松下幸之助从头凉到脚底，愣愣的，不知说什么才好。良久，松下幸之助胆怯地问了一声：“主任，真的不行吗？”

“是不行，还要多多下功夫啊！”主任拍着松下幸之助的肩膀，勉励道。

松下幸之助离开主任办公室，泪水在眼窝里打转转。期望越高，失落也就越大，主任的话无疑判了松下幸之助“革新”的死刑。也许主任是对的，但他接受不了这种事实，他从小就爱哭，这时候鼻子一酸，泪水簌簌而下，不觉哭出声来。

经过这次打击，松下幸之助有些心灰意冷。做检查员，工作很轻松，晚上完全有精力干点儿正经事。松下幸之助却完全放纵自己，躺在榻榻米上，把枕头垫得高高的。

梅乃问他是不是又生病了，她知道松下幸之助的身体素来不好。

松下幸之助说道：“没有，没有。”说没有，却还是有。松下幸之助觉得身体一天比一天虚弱，一天比一天消瘦。这是怎么回事？试做插头那一阵，白天够忙了，晚上又睡眠不足，人还精神抖擞。现在养尊处优，竟还会养出毛病来？

松下幸之助去看了医师，果真有病，病还不轻，又是肺炎！

医师开了一些药，嘱咐道：“最好的治疗方法是静养。”

不知道是肺炎还好些，一旦知道，咳嗽、盗汗、气虚，什么样的症状都跑出来了，松下幸之助萌生出一种绝望的感觉。人在疾病的折磨中，什么样的奇怪念头都会冒出来，他觉得自己随时都会死去。

松下幸之助的父母双亲都未能长寿，他的身体比父母的身体要糟糕得多，能活到今日，已算是苍天保佑了。他想起梅乃，暗想：“我若死了，梅乃就要守寡，我不能死，要好好活着，让梅乃有朝一日过上富贵日子。”

都说成家之人，就会多出一份责任，真是千古名言啊！

那些日子，松下幸之助下班后的第一件事，就是躺着静养。梅乃则跪在他面前侍奉他。

也真是件怪事，人一有了活下去的念头，病情就会好转许多。他想："我真该做点什么？"于是，就把被主任"枪毙"了的插座拿在手上琢磨，重新改进。

梅乃担忧地劝道："医师要你静养。"

松下幸之助说："还要静养？我的病就是静养出来的。"

梅乃见他精神状态大为改观，也就由他去。

松下幸之助在电灯公司做检查员这份工作并未做多久。也许是父亲不安分的基因传给了他，他还没干满两个月，就对这份人人羡慕的工作不满意了。

检查员的工作实在是太轻松了。原本，技工完成工程试电成功，去检查完全是例行公事，如果腿勤一点儿，不用半天就能转完了。松下幸之助不是提前回公司聊天，就是上街东游西逛，后来就觉得索然无味。

"真是无聊啊！"松下幸之助想，"我这是在浪费光阴啊！父亲口口声声教诲我要发迹，其实他自己何尝不想发迹，是他寿禄有限，来不及成功就离世了。而我，却在这里虚度年华！"

"要是这些闲散的时间是自己的就好了！"想到这一点，松下幸之助的心智仿佛透进一束阳光，他越想越清晰。对！把工作辞掉，别说时间是自己的，什么都是自己的！我自己来制造插座，还要制造别的电气器具！

松下幸之助的病情还未痊愈，但他全然抛到脑后。他是抱着赌气的心理下这番决心的："主任说我的插座不行，我偏要试试，看看是他的错，还是我的错！"

松下幸之助把想法告诉妻子，梅乃大吃一惊，忧心忡忡："不辞职可以吗？你在公司干得好好的。"

松下幸之助对妻子解释道："父亲生前常跟我说：'要想发迹，唯一的出路，就是做生意。'父亲的话是肺腑之言，我在公司里出息再大，都不是为自己干。我决心已定，义无反顾，父亲会保佑我的。"

松下幸之助话是这么说，可心底还是犹豫了好些天。他设想后路：“万一不成功，就回电灯公司。像我这样顶尖技术的电气工，公司还是欢迎的。”

1917 年 6 月 15 日，松下幸之助把辞职书呈交主任，主任很不解：“松下君，我并不想勉强挽留你。你今年开春才提升做检查员，不是太可惜了吗？公司对你这样器重，你前途无量呀！你辞职做什么去呢？制造插座吗？你可得慎重考虑啊！坦率地说，我不是在泼你冷水，我认为是行不通的，你可得三思而后行啊！”

主任很诚恳地说完这番话。

这一瞬间，松下幸之助动摇了，觉得自己辞职确实太冒失。他一时无话可说，心里又把这么多天来的想法重温一遍。终于松下幸之助用坚决的口气说：“谢谢主任的关心，可我已经下了决心，还是让我辞职吧！”

这个月的 30 日，松下幸之助辞去了令人羡慕的职位，离开服务了 7 年的蓬勃发展中的电灯公司。公司的许多同事大惑不解，觉得松下幸之助神经有毛病。

松下幸之助的内弟，曾任三洋电机株式会社社长的井植薰，是这样评价松下幸之助当时的行为的：

> 在常人看来，电灯公司的检查员是个稳定的铁饭碗，而松下幸之助却感到是寄人篱下，压制了自己的能力。这种思想，实际上已经奠定了松下幸之助创建巨大事业的基础。

松下幸之助辞别了深深怀念的电灯公司，开始制造电灯插座。

可是这时候他身边的资本，只有服务 7 年的退职慰劳金，40 天的薪金，以当时日薪 83 分计算，合计是 33.2 元，加上退休准备金 42 元，总计是 75.2 元。还有储蓄 20 元，总共不到 100 元，这么点钱能干什么？买一台机器或做一个模子也要100元。

平心而论，是不可能成功的。这样做未免太轻率了，可是当时的他却不这样想，反而精神抖擞，觉得前途充满希望与光明。

松下幸之助把自己的计划告诉了以前的同事林。林已经辞职，转到电业商会做工人。松下幸之助请他来帮忙，林和他非常要好，立刻答应了。

另外一位同事森田听到了消息说："我也想做些事，让我参加，好吗？"

松下幸之助表示欢迎，立刻请他来。他的内弟井植岁男刚从乡下的小学毕业，也叫他来帮忙。后来，井植岁男在第二次世界大战后自创三洋电机公司，在录影机的开发上，与松下幸之助激烈竞争。

人手是差不多了，可是，到哪儿去买材料？买多少？要怎样制造……

松下幸之助毫无概念，每一样都得从头做起。尤其是成品主体的合成物的制法，他们完全不懂，只知道成分大概是柏油、石棉、石粉罢了，连实际上的调和法都不知道。

在当时这种合成物的制造属于新兴产业，各工厂都把它当作机密。因此，来参与这项事业的两个人，可以说鲁莽；而请他们参加的松下幸之助，更是鲁莽。

"此路不通"是一看就明白的，可是，3个人都不那么想。

他们首先开始研究主体合成物的制造方法，同时，调查原料的价格等。简单的铁器要自己做，他们发了疯似的拼命工作。资本只有100元，光是拆开地板，也要一二十元，松下幸之助都采取自己动手做的方法。

工厂设在他住的平房里，只有一个一间和一个两间多点的房子，把两间多的一半房子，拆开地板做工厂，晚上就没有地方睡觉了。不得已把那一间的当作寝室，里面简直是乱七八糟。

无论如何，100元是不够的。森田有个朋友叫S，在一家防水布工厂做学徒，因为做人勤俭，慢慢储蓄，到了20多岁，已有将近200元。他们听到消息，立刻跑去拜托这位S，希望借100元周转。

森田和松下幸之助两个人拼命说，S终于爽快地答应。这位S是个了不起的人，后来很成功，可惜英年早逝。

就这样，在样样欠缺、手忙脚乱中，他们进行了制造的工作。苦心制作可是无法销售，合成物的调和始终做不好。这件事使他们感到很头痛。他们做了很多实验，也到制造工厂附近的地上拣了一些废品回来研究，但都不成功。

就在不知如何是好的时候，他们听到以前电灯公司的T，也正在研究这个问题。松下幸之助和林一起去请教，他很快地答应为他们讲解。

据T说，他一辞去公司的工作，立刻着手制造。可是做来做去做不成，他的事业很不顺利，正在歇业中。松下幸之助和林一找到他，他就把自己研究的方法告诉了他们，他们这才知道了调和法，和他们所研究的大体上很相似，只差一点点诀窍。

主体的调和法知道之后，再把金属部分做好，这样就可以生产了，大家更加努力。总算在1917年10月中旬做出成品。虽然数量不多，可是意义深远，这标志着他们终于成功了。

“做出来了，赶快拿去卖吧！”干劲很大的森田，立刻带了一些成品出去兜售。

可是，到底要到哪儿去卖呢？他们并不认识批发商，定价多少也不知道。只好叫森田先到电器企业，把样品拿给对方看，先说出自己方估计的价格，然后听听对方的意见再作决定。

松下幸之助从来没这么紧张地等着森田回来。能卖得出去吗？会不会回来说一声“完了！根本就没人要”呢？也只好等了。

森田傍晚才回来。他报告说：“还没遇到过这么困难的事情，实在是很吃力。有一家电器企业让我等了好久，叫我下次再来。他们连看都不看样品一眼；另外一家，把样品拿在手里，接二连三地问我：‘你们是什么时候开始做电器企业的？除了插座以外，还有什么东西？’都问些意料之外的问题，叫我不知怎样回答才好；有一个店员对我说：‘你们还是新开的店吧？像这样的新插座恐怕卖不出去。不过，如果你们做的是电器用具的话，以后我们可以向你们订购一些。’”

听完了森田的报告，本来就很紧张的松下幸之助受到了很大打击。心想，这个困难相当不小啊！

一连10多天，森田每天跑大阪市，好不容易卖掉大约100个，收到不足10元的现金。

综合各方面的意见，结论是：这种插座无法使用。显然，改良制造势在必行，一定要做出有市场性的东西不可。可是，要再改良制造，不但资金有问题，最首先要解决的就是生存问题。这一下，森田和林都开始担心了。

从7月至10月，花了4个月的时间，所得到的不足10元，当然令人不安。

森田和林终于开口说：“松下君，你打算怎么样呢？撑得下去吗？资金怎么办？咱们是好朋友，我们不计较薪金，可是你有困难我们也很不安。所以，我看还是到此告一个段落，各自去找工作求生存比较好。”

这使松下幸之助很为难，他觉得他们那样说是很有道理的，照这样继续下去一定行不通。然而，他却不愿意半途而废。虽然松下幸之助感到很遗憾，并一再挽留，但是迫于生计，他们两人还是离开了。

森田于10月末改到别处上班，林又回到以前的商会去。这以后，终于剩下了松下幸之助和内弟井植岁男两个人，他们一切从头做起了。

松下幸之助有一种必胜的信念和成功的渴望，因此，无论如何也不愿意放弃这个工作，又没有任何摆脱的妙方，可是，说也奇怪，他并不打算去做别的工作。在他的内心深处，对这个工作的前途，好像很有信心的样子。虽然经济状况已到了山穷水尽的地步，松下幸之助却继续产品的改良与制作。

# 产品打入东京市场

困难就这样一直拖下去，年终快到了，因为没有足够的资金，改良工作也无法进行了。

在这种状况下，进入1917年12月之后，很意外地接到了某电器商会的通知：需要1000个电风扇底盘。电风扇底盘，本来由川北电器企业用陶器制作，因为容易破损才想改用合成物。

他们说："时间很紧，如果用在电风扇上的效果良好，每年两三万台的需求是很有可能的。"

为此，松下幸之助把制作插座的工作搁下来，开始着手制作电风扇底座。无论如何要全力以赴，在年底以前交货。

改良插座不如意，松下幸之助正在大伤脑筋，正好来了这个订单，更庆幸的是，电风扇底盘一点也不用铁器，光用合成物即可，不需要很多资金，当时对他来说，真是再好不过的事。为了要如期交货，也为了拿更多订单，一连7天，他一直都在模具工厂催赶制作。

模型做好了，通过试压的检验，幸好没问题，最后送五六个样品给对方看。

他们说："行了，请立即开始做。如果做得好，紧接着至少要订四五千个。"

于是，松下幸之助和井植岁男两个人全力以赴，开始拼命赶制。说是制作，其实设备很简陋，仅有压型机和煮锅而已，工作起来相当辛苦。井植岁男当年还是个15岁的孩子，个子又特别矮。因此，制作时，压型全部由松下幸之助做，井植岁男负责磨亮或帮助做其他杂务。

这是第一笔生意，他们每天完成100件，至12月，终于把1000件的产品交清了。压模的工作，松下幸之助是相当熟练的，所以制作很快，成品也不错。

对方很满意地说："做得这么好，川北一定很高兴，我们会替你再介绍生意的。"

12月底1000件交清，终于收到了160元的现金。扣去模型费等本钱，大概净赚了80元。这就是松下幸之助自立门户第一次赚到的钱。

这种工作，只要材料，不需资金，如果能继续做下去，多少可赚些钱，他在心中祈祷，希望川北他们能决定采用合成底盘。

等着等着，传来很幸运的消息，他们说："跟其他部分部件合起来，情况良好，所以要继续定做。"

这一回经过正式议价，生意总算谈成。

新年初交第二批货的数量是2000件。这样，第一年制造插座的计划虽然失败，却在底盘的定做上多少赚回了些钱，这加强了松下幸之助继续做生意的自信。

松下幸之助考虑搬到一个更适当的房子。这时候听说在大开路一段有个月租金16.5元的房子，于是决心要搬到那边去奋斗一番。

1918年3月7日，松下幸之助终于搬家了。

这一年，第一次世界大战结束了。战争及战后带动了制造业兴旺，日本工业生产每年连续保持30%的高速度成长，电动机取代了蒸汽机，工厂动力电气化已达60%，电灯也从都市普及乡村，全国已有近半数家庭使用，电扇、电熨斗等家电产品渐渐开发，电车、电信急速发展，日本已进入了电器时代。

大开路的房子，二楼有两间，楼下有3间，前院可以建个小屋。松下幸之助搬来后立刻把全部地板拆开，改成工厂，留下二楼作为宿舍。新房子比旧居大3倍，又在马路旁，可以当作工厂，也可以说已经有个门面房了。

松下幸之助就以此地作为创业之家，成立“松下电器制作所”，开始了新事业。在这里最先制作的除了风扇底盘之外，还制作一种电器改良的附属插头，这附属插头是应用旧电灯泡的铁帽制成的，当时是最新型的，价格又比市价便宜30%，所以受到好评，市场非常畅销。同时也把松下电器制作所的名声第一次打进电器界。

自从开始制作附属插头以后，井植岁男和松下幸之助夫妇3个人，每天加夜班至24时，仍然无法应付订单。松下幸之助只好雇了四五个工人一起拼命制作。

当时是由松下幸之助压底盘，井植岁男一天制作原料，一天压附属插头，男工压附属插头，女工做组合，松下幸之助的妻子负责包装。不论如何，产品有创意，价格又便宜，能畅销是当然的。有时他们来不及送货，客人会自己来取。附属插头可以说是大功告成了。

当时的合成原料的制法，各工厂都把它列为机密。多半是请工厂主人的兄弟或近亲负责现场。可见在当时电气业界，是把它当作高级技术看待的。

可松下幸之助却不这么看，他认为把制法当作机密技术的话，在制作过程中就得多费些心神，经营上未必合算。相反，他认为应该开放，给大家方便，任何人都可以在场。

所以，进来第一天的职工，松下幸之助也把机密告诉他。这样做，就比别家更经济地用活了人。

一位同业朋友警告他说：“松下君，你那么做是危险的。你把那样重要的机密工作交给进来才一天的人等于把技术公开，这一来等于制造竞争的同业，你自己要受害的，应该要多多考虑啊！”

松下幸之助却回答说：“我认为不必那么担心。只要先告诉他，那是必须保密的工作，就不至于像你担心的那样，把秘密泄露出去。员工彼此信任，比什么都重要。我不喜欢为了一个秘密，而做疑心重重的经营。不但对事业的进展有阻碍，也不符合培养人才之道。我并不是故意乱开放，只要我认为这个人可以信任，就算他是今天才来，我也会让他知道机密。”

那个人半信半疑地说：“呵！他有这种想法吗?”

松下幸之助就是以这种想法去经营的，所以，在用人上他觉得比别家圆满顺利。在当时的制造业中，他是发展特别快的。

后来，松下幸之助还发明了“双灯用插座”。

双灯用插座当时由东京和京都的制造商制造，公认是相当方便的器具，很畅销。松下幸之助发现品质上还有改良余地，所以做了种种改进，拿到了专利，开始制作销售。新产品比前面的附属插头更获得一致好评。

开始销售之后不久，大阪有一家批发商吉田来找松下幸之助说：“松下君，我对双灯插座很感兴趣，能不能让我们总经销呢?”他说大阪方面由他自己批发，东京方面交给跟他有密切关系的川商店批发。

松下幸之助当时想了想，觉得有道理，这个插座一开始销售业绩就很好，以现在的工厂设备，恐怕来不及制造供应。

于是他对吉田说：“我现在的工厂设备不够，就是让你总经销，只怕制造量赶不上销售量。如果你有意做总经销，我打算把工厂设备扩大，以便增加生产量。所以，当作保证金也好，当作资金贷款也好，反正请你提供3000元给我。这笔钱用在扩充工厂设备方面。以后不论你销多少都可以应付了。”

吉田一口答应说：“好吧，我就给你3000元作为保证金吧!”

谈妥之后，松下幸之助收到了3000元。于是他马上改善工厂设备，开始增加商品产量。

吉田商店也向社会公开发表：“松下电器的新产品双灯插座由本店总经销。”

东京的川商店也发布同样声明。于是月产2000个变成3000个，然后3000个又变成5000个，过了四五个月，东京方面的制造商，突然以大减价来对付。销售上立刻有了反应。

紧跟着，经销商都来跟吉田商店交涉减价的事。吉田面有难色地说道："松下君，糟糕了，销售量显著下降，东京方面的制造商减价了，经销商都要求减价，现在怎么办呢？"

当时在总经销合同书上注有吉田商店负责销售量，所以吉田老板更是伤脑筋。

还没听完松下幸之助的意见，吉田就说："无论如何请让我解除合同吧！看这种情形，恐怕无法销售约定的数目。我也没有想到，别家制造商会这样子减价，这是当初预料不到的事情，我们没有恶意。"

但是吉田交给松下幸之助的保证金已全部投入工厂的设备里了，现在解除合同的话，松下幸之助也没法归还保证金，于是他说："虽然合同书上记载有负责销售的数目，可是我不能强迫你，以后我自己慢慢地销，保证金请你稍等一下，我会每月分期还的。"

终于，总经销只销了半期就不得不解约。如此一来，松下幸之助只好自己销了。工厂已经扩大到月产五六千个的生产能力。松下幸之助对销售前景很乐观。

松下幸之助到大阪数家经销店转了一圈，把情形告诉他们。由于改为制造商直接批发，他们都表示欢迎。

也有人说："松下君，说来是你不应该。你制造了这么好的东西，却交给一家包销，真是莫名其妙。要是直接批发，我们今天开始就买你的产品。"出乎意料，产品轻松地都销售出去了。

接着松下幸之助开始他的首次东京之行。

作为关东和关西地区的两大城市，东京和大阪有很大的不同。早在松下幸之助前往东京之前，他就听说了东京商人的一些事情。在东京，人们的门户之见很深，就像世界上所有大城市的人都比较高傲一样，东京人同样带着这种优越感，总是有点儿欺负外地人。

在东京商人眼中，商品都是东京的好，外地商品则等而次之。所以，凡是东京之外制造的商品，要想打入东京市场是难上加难。

不过，松下幸之助没有被这些吓倒。他先转了一圈，一直观察东京商人。

之后他发现，东京人还是有优点的：那就是他们重情义。东京商人的精明，在于算计之外能洞察商情，这也标志着他们独特的眼光。只要你能坦诚相见，东京商界还是能够接纳你的。而且处熟了之后，这种情义会帮助你稳固自己的地盘，这种良好的合作关系会持久而稳定。当然，前提是，你提供的东西一定要是无可挑剔的。

掌握了通关秘诀之后，松下幸之助看到了在东京大展宏图的希望。他首先找到了吉田总包销时在东京的业务关系店——川商店。川老板面带难色地说："松下君，实在是抱歉！竞争太激烈了，现在仓库中还有很多库存，恐怕目前很难再从您那里进货了。"

松下幸之助听到他这么说，连忙澄清："老板，您误会了，这次我不再通过总经销商给您进货了，我会直接批发给你们，我保证，您卖我的插座，肯定比别的销售商更赚钱。"和其他老板一样，川老板很赞同这样的合作，于是痛快地答应了。

松下幸之助在东京首战告捷。

接着，松下幸之助带上货样，以诚恳的态度耐心化解商家的疑惑，调整产销双方的利益分配，渐渐地他们也被松下幸之助的诚意和物美价廉的商品打动了。

一位东京的零售商说："以往，都是东京的电器用品批发到外地去。外地的电器商人从来没有敢在东京卖东西的。松下君，你可是到东京来推销的头一个外地商人啊，了不起！"一席话说得松下幸之助心里暖烘烘的。

就这样，松下幸之助一扫自己的产品在东京的销售颓势，迅速在东京建立起了良好、稳固的销售关系。在回到大阪前，他又拿到了东京的不少订单。

以后，松下幸之助每月都要去一趟东京，联络感情和回收货款。松下幸之助本人十分看重东京市场，在此地设立了常驻东京的营业所，以巩固并进一步发展关东地区的市场。

为此，松下幸之助派遣内弟井植岁男担任东京营业所的营业主任，常年负责东京暨关东地区的销售业务。

在松下幸之助看来，如果自己的产品不能打进东京，那么在大阪干得再有声色也是不会有太大出息的，毕竟东京是松下电器制作所产品通向全国的必经之路。

# 竞争换来乐趣

松下幸之助的工厂搬到大开路不久，西边隔壁两间空房也有人搬来。

“他们是做什么的？”抱着对邻居身份的好奇，松下幸之助出门去看，发现他们和当初自己搬家一样，一搬来就撬地板。

“是开什么厂的？”听一名工人说，主人家开的是电器厂。“这就奇怪啦，这样巴掌大的地盘上，怎么会并排开两家电器厂呢？他们是制造什么的呢？”

松下幸之助发现他们搬来的设备和车间的规划，与自己家的工厂相仿，看来也是制造合成物电器用具的。“怪哉！怪哉！大阪的电器行里，专营电器合成物用具的厂家很少，真是不是冤家不碰头啊！”

等隔壁安顿停当，松下幸之助到隔壁登门拜访。老板K君，曾做过合成物的研究，成功之后才开始创业的。

K君客气地微笑道：“我搬来这里之前，一直不知道同行业的你也在这里，真是有缘。我们是同行，又是邻居，多多合作吧！”

这真是非常奇怪的心理，嘴里都说合作合作，心里却多多提防，把对方当竞争对手，意欲拼个你死我活，生怕在生意场上败下阵来。

要收工了，隔壁却还传出机器的响声。

松下幸之助说：“人家在拼命，我们怎可高枕无忧呢？”又带着岁男、梅乃披星戴月玩儿命干。隔壁出门交货，松下幸之助心慌道：“又让人家抢了先，这样老牛拉破车可不行啊！”

松下幸之助回忆这件事时说道：“我当时目光短浅，把竞技场看成所住的院子，把竞争对手当成K君一人。其实，一个制售商，目光要看到全日本、全世界，而不是眼皮底下的某一人。不过，这种盲目竞争，对当时事业的发展大有好处，经营羽翼未丰的小工厂，真是松不得一口气。”

K君给松下幸之助这位拼命三郎弄怕了，经营了一年就搬到泉尾去了。后来因为债台高筑，逃得不知去向。

数年之后，K君旧地重游，见松下幸之助的事业如此发达，甚为羡慕。他知道松下幸之助是个拼命三郎，可他也卖命，然而就是事业不成，只好感叹命运不济。

K君向松下幸之助倾诉自己的不顺，松下幸之助说：“像你那么认真工作，仍然事业不成功，在我看来，是一件不可思议的事。我一向认为，事业虽有大小之别，可是，干多少，必定会成功多少。我认为生意是拼出来的，跟真剑决斗一样，绝不可能在生死存亡之间，慢慢获胜。你虽然也拼了命，但不能一拼到底，遇到不顺，就怨天怨命。所以，你首先得摈弃那种世俗的、缺乏自信的观念才行。”

K君茅塞顿开，信心大振地走了。但后来K君的事业始终未成气候。个中的原因是多方面的，但最重要一点，是信念不足。

松下幸之助不信命运，信自己。但他不否认机遇对人发展有很大作用，重要的是怎么把握它。创业之初的松下幸之助，对机遇的认识是朦胧的：对好与不好、行与不行一片茫然。

当时，松下幸之助的小工厂小有成就，使得电灯公司的老同事非常羡慕，他们常会来松下幸之助的家走走看看，讨教一些创业经验，提一些建议，或想加盟松下幸之助的事业。A君便是其中之一。以A君的身份和出身，能屈尊与松下幸之助联手，对松下幸之助来说，委实荣幸。

A君出身富家，家底殷实，他自己从高等工业学校电机系毕业，是个有学问又有工作经验的前途无量的公司职员。A君跟松下幸之助虽在一家公司待过，但彼此并不太熟悉。

1919年岁尾，A君突然登门造访，寒舍中的松下幸之助真有股蓬荜生辉之感。A君道："松下君，我很钦佩你辞职的勇气，也听人说你的事业蒸蒸日上，早就想来看望你，今天就冒冒失失地来了。"

A君诚挚之至，松下幸之助分外感动。两人促膝谈心，就松下幸之助工厂的过去、现在及未来畅所欲言。

A君非常亢奋，将松下幸之助大大褒奖一番，说："松下君，依我愚见，与其你单枪匹马依靠微薄的资金做生意，不如向外集资，成立实力雄厚的大公司。人赚钱，赚的是小钱；钱赚钱，赚的是大钱。为什么两个一样聪明的人，一个因财力单薄只能做小事，而另一个财大气粗者却能干大事呢？"

A君的赚钱术说得松下幸之助心动，A君趁热打铁道："你不用担心资金的事。我的一些亲戚都有相当的资产，5万、10万的资金，只要我开口，是很容易募集到的。你我过去交往不多，却是志同道合的朋友，我也早已厌倦电灯公司的安逸，想跳出来谋发展。松下幸之助君，我们联手合作，组成公司，一道打天下，怎么样？"

松下幸之助"自立门户，独立创业"的信念发生动摇，A君言之有理，钱少干小事，钱多干大事。松下幸之助备尝资金匮乏的苦楚，有雄厚的资金做后盾，何乐不为？

松下幸之助在电灯公司时就养成"胡思乱想"的毛病，这时心念一转："我做一个小工厂主，还算得上得心应手，现在要掌管一家大公司，吃得消吗？"

于是，松下幸之助没有马上答复A君，说容他想一想，四五天后去A君家一趟。

这几天，松下幸之助一直处在极度的矛盾之中：一会儿，把未来公司的前景描绘得宏伟壮丽，激动得心尖发颤；一会儿，又把前景设想得一片黯淡，公司破产，血本无归。

直至走在去A君家的路上，松下幸之助仍犹犹豫豫。野心勃勃的

A君见松下幸之助神情恍惚的样子，又把公司的光辉前景绘声绘色地描绘了一番。A君年轻美貌的夫人也在座，她忘了侍奉客人，洗耳恭听，脸上露着兴奋的红光。

“做公司的董事，名声好，有地位。”这对出身微贱的松下幸之助来说，不能不具有相当的诱惑力。

面对着A君的劝说，以及A君夫人期待的目光，松下幸之助在对公司的认识一片模糊的情况下，就懵懵懂懂答应了下来。

松下幸之助兴高采烈，大摇大摆地回到家里。这时他冷静地一想，又疑问百出：“未来的公司如何运作呢？A君出资多，他就是董事长，我管生产销售，他却管到我，我与他合得来吗？A君果真能募集到那么多资金吗？他的能力、人品又如何？我过去对他实在是了解太少了！”

“还是照原先的样子，经营小工厂，慢慢图发展，不要折腿插翅，弄得没飞起来，连走路也不会了。但正如中国古代圣贤所说：一言既出，驷马难追。我松下幸之助也算得一个堂堂男人，能出尔反尔吗？当时A君夫人在座，我改口取消计划，岂不成了贻笑于妇人的小人呀！”

松下幸之助恍恍惚惚，坐立不安。

第五天，松下幸之助决心上A君家探个虚实。心想：“或许A君是心血来潮，事后反悔与我合作，正期待我去解除协议呢！”

又想：“A君辞掉工作了吗？这可要足够的勇气才行。”还想：“A君去了乡下的亲戚家筹钱吗？说不准已经筹到8万、10万的，A君神采飞扬，夫人则笑得合不拢嘴，绯红的脸蛋娇艳得像一朵花。哎呀，生米煮成熟饭，我该怎么办才好？”

真是太出人意料了！见到的A君，竟是悬之于灵堂的遗像！夫人一副哀容，一贯娇艳绯红的脸惨淡得如同一张白纸。

夫人说道：“夫君是意外病故，昨日才办完丧事。夫君是在你离去的第二天染上了急性肺炎去世的。本想通知松下幸之助君的，但不知道你的地址，实在抱歉得很。如果夫君健在，你们可联手干一番大事业的……"

A君夫人说着，泪水潸然，泣不成声。松下幸之助蒙了，既不知向A君的遗像致哀，也没有安慰其夫人。松下幸之助呆愣愣的，只觉得事情太突然，太不可思议了。经此变故，合作办公司的事，自然不了了之了。

事后，松下幸之助才为A君的不幸感到难过。从客观的角度看，A君的猝亡，对松下幸之助是一种解脱。那时的松下幸之助经验太少，缺乏鉴别与把握机遇的能力。A君携巨款加盟，看似天赐时机，实则逆转了松下幸之助发展的轨迹。A君会成为实质性的老板，那么，持股量偏少的松下幸之助必须对他言听计从。这样，松下幸之助就不可能按着自己的心愿发展事业。

松下幸之助曾追忆道：

现在想来，如果A君健在，又共同成立了公司的话，估计就没有了今天的松下电器了，这大概是天意吧！

不幸中的万幸，是老天帮助松下幸之助取消了合作。为此，松下幸之助日后经常反省，心理日臻成熟，审时度势，处逆境而不乱，逢机遇而不惑。

松下电器最初才3个人，是地道的家庭作坊。人员少，又是自家人，因此就不存在人事管理问题。

据松下幸之助夫人梅乃回忆，年轻时的松下幸之助有些神经质，他常常会莫名其妙地发火。梅乃说："我那时差不多成了幸之助的出气筒。"

梅乃的宗旨是：该让则让，不该让则跟松下幸之助争辩。

梅乃口齿伶俐，口拙的松下幸之助不是夫人的对手，松下幸之助说："我常常给梅乃弄得理屈词穷。"

岁男面对姐夫、姐姐，他的信条是：骂不顶嘴，打不还手。作为内弟，他丝毫没受到松下幸之助的优待，松下幸之助像对待学徒一样严厉地要求他。

那时的家庭小作坊，忙得一塌糊涂，也"闹"得一塌糊涂。松下幸之助的事业就是在这种氛围中起步，并且慢慢壮大的。员工人数随事业一起发展，至1920年年初，松下幸之助的员工已有20多人了。

这一时期，第一次世界大战带来的产业兴旺达到顶峰，各家工厂都在膨胀发展，招兵买马，劳力奇缺。这20多名员工，是松下幸之助费了九牛二虎之力才招募到的。

员工增多，结构发生变化，管理势在必行。松下幸之助毫无管理的自觉意识。在最初，为了不耽误生产，松下幸之助"笼络"人心，将合成物的制作方法告诉新员工。

可有的员工们不感恩戴德，想跳槽，拍拍屁股就走。这使得松下幸之助分外担心，怕他们带走机密。幸好，这样的事没有发生。

有段时期，产品订单增多，员工反而减少了。松下幸之助不能像使唤梅乃和岁男那样，想加班就让员工加班，昏天黑夜地干。

员工们认为，工厂是老板的，我们犯不着这样卖命。要命的是，一些实力雄厚的老板，以高薪来吸引员工。人往高处走，谁都懂这个道理。可小本经营的松下幸之助开不起高薪。

每天上班前，松下幸之助最忧虑的事，是昨天做工的人，今天还会来吗？他会早早站在工厂门口恭候等该来的人到齐，才松一口气，心里想："谢天谢地，他们总算没抛弃我。"

幸好，劳动力缺乏的危机并没有持续太久。原因是，产业兴旺热过了头，紧接着平地刮起一股不景气的旋风：物价暴跌，产品滞销，工厂纷纷减产或停产。

松下幸之助的产品没有受到经济萧条的影响，产品畅销不衰。劳动力匮乏的危机也已消失，松下幸之助冒出“天助我也”的喜悦。然而，松下幸之助并没有高兴太久，便为风起云涌的工潮而忧心忡忡。

苏联十月革命的成功，使全世界产业工人莫不欢欣鼓舞。日本的工人运动方兴未艾。工人罢工、工人要求增加工资、参加普选、成立工会、管理工厂等一系列要求，莫不使资产阶级感到恐慌。

劳资对立，有的工厂主和政府勾结，借助警察威慑工人或镇压工潮；更有些工厂主引进美国福特汽车公司的做法，雇用打手来管理工厂。

通常的法则是，越是大型工厂，越容易发生工潮，这是因为产业工人集中的缘故。像松下电器制作所这类小型工厂，外面工潮再怎样轰轰烈烈，里面都静若一潭死水。

偏偏这时松下幸之助萌发了忧患意识：“如果我的工厂规模一大，难免不发生工潮，那时我该怎么办?”松下幸之助进一步想：“我的工厂受外界经济气候及自身经营的影响，如果工人情绪波动，我又该怎么办?”

“对立不如亲善”，这是松下幸之助作为未来的经营之神的聪颖之处。松下幸之助从旧式的家庭企业受到启发，工人像是老板的家人，老板则像是工人的父亲。

经过改良，旧式的家族企业模式也能适应新的管理模式。所有的员工若能团结得如同一家人，松下电器制作所才有希望。从这点出发，松下幸之助的理念逐渐明朗。

松下幸之助这样教育工人：“松下电器制作所的员工都是松下大家庭的一员，谁不是松下大家庭的一员，谁就不是松下电器制作所的员工。”松下幸之助设想成立一个类似工会的组织，在这个组织里，老板员工一视同仁。构想有了，松下幸之助却为起什么名字而大伤脑筋。

一天，过去的朋友森田来看望松下幸之助。

他说："你何必想得那么难呢？全体员工步调一致，就叫'步一会'好了。这'步一会'还有'一步一步脚踏实地向前迈'的意思。"

松下幸之助茅塞顿开，说道："真是太好了！"步一会的成立，使员工有了归属感，这标志着松下管理进入自觉阶段。步一会一步一步地完善，松下电器制作所也一步一步地发展壮大。松下电器有今天，步一会功不可没。

松下幸之助管理是摸着石头过河的，松下电器制作所也得以稳步发展。1920 年，松下电器制作所在大阪已有较高的知名度，在市场上站住了脚跟。销售已不成问题，经销商方面，松下幸之助只需骑自行车外出遛一趟，或派员工去走一遭，就可搞定。

难的是东京的电器市场，局面虽已打开，可丝毫不敢松懈。由于交通、通信仍十分落后，常有鞭长莫及之忧。松下幸之助每月跑一次东京，他实在太忙，只恨分身无术，而销售形势，每月跑一趟是远远不够的。该有个人长驻东京才好。

常年驻外，又是跟大宗的产品资金打交道，非得用自己的亲信不可。松下幸之助想到内弟岁男，岁男只有 17 岁，娃娃脸，一脸稚气。岁男工作很优秀，也很勤快。

可这是独立在外行使大权，一个小男孩胜任得了吗？然而，当时实在选不出更合适的人选。松下幸之助想："就让他去试试看吧，俗话说，厉鞭打驹马，跑跑就会成为骏马的。"

岁男干得不错，而且越干越好。松下幸之助管理的用人之道，最初是从岁男身上渐渐领悟的。

当初的东京联络处，实在不成个样子。为了省钱，岁男就寄住在早稻田大学旁边的学生宿舍。岁男每天跑东京的电器市场，俨然大人一般和经销商洽谈。一获订单，马上报告给大阪，货物就直接发到经销商手里。

经销商起先把岁男当作不谙世事的娃娃，后来，都不敢小觑了。

有一件事，使松下幸之助与岁男终生难忘。他们后来都成为日本企业界的巨擘，都在自己的著作中不约而同地提及这件事。

岁男住在大学生宿舍，夏天来临，蚊子越来越多。岁男先斩后奏，花3日元买了一件麻质蚊帐。而后，才在给姐夫幸之助的信中汇报。

幸之助见信大吃一惊，真是胆大妄为，奢侈至极！他马上回信严厉批评：

> 想想现在的松下电器制作所和你的身份，我不管什么理由，用3日元买一顶蚊帐是不行的，1元左右的棉蚊帐就应该足够了。奢侈是不允许的！

从这件事可以看出松下幸之助的严格管理理念。

同时，这件事对松下幸之助的触动也很大，他想，一个人驻外，就出这样的乱子。若以后更多的人驻外，遍布全国都有我的分店、分厂和联络处，岂不乱子更多！看来还得白纸黑字，来一点明文约束才好。因此，管理制度化是松下幸之助终生都在探索与完善的课题。

松下幸之助晚年，得出的最精辟而又最朴素的经营之道是：

> 做生意就好比下雨了，总得打伞；下雨之前，把伞先准备好就行了。

“下雨打伞”、“未雨绸缪”，是人们日常生活中最平凡的道理。经营之道，如人的处世之道。松下幸之助并不比他人更具经营天赋。他的可贵之处是从不自作聪明，自以为是。他从来都是顺其自然，直面形势。走一步，看一步，再走一步。这样走走看看，逐渐领悟经营之道。

松下幸之助最初只管生产，但很快兼销售；他开始只盯住大阪的市场，但很快扩展到了东京；他最初只靠书信口信联络，但很快顺应潮流，装起昂贵的电话机。

蚊帐一事，足见松下幸之助的吝啬，但为了经营，松下幸之助也会显示出难得的大家气派。

当时，装一部电话需要 1000 元。这对尚在襁褓中的松下工厂来说，无疑是个天文数字。他的起步资金还不足 100 日元。当初只想着出产品，压根儿不敢问津这等奢侈品。

随着销售量的增多，销售网的扩大，对电话的需求日益紧迫。工厂已初具规模，销售看好，但要付出 1000 日元的装机费，工厂马上就会捉襟见肘，陷入困境。松下幸之助算是幸运的，他抽签抽到“9 年分期付款电话”，终于在 1920 年 6 月装上电话。

这种又呆又笨的手摇电话机，在当时可是了不起的玩意儿。声音可越过千山万水，从大阪传到东京，甚至更远的地方。松下幸之助马上把装有电话这信息用邮寄广告明信片的方式通知各地的经销商。

经销商见到明信片，惊叹道：“哇，松下幸之助了不起了！”那时工厂商店是否够档次的标志是有无电话机。

松下幸之助接到东京经销商的订货电话，欣喜地对梅乃和员工说：“你们知道吗？是用电话来订购的呀！”

电话，使松下幸之助及员工产生出彻底告别旧式作坊的奇妙感觉。梅乃回忆听到弟弟岁男来自东京的声音：“那份感觉，真是妙不可言。”

次年，松下幸之助又添一喜——夫人梅乃怀孕了。

松下幸之助 21 岁结婚，当时梅乃 19 岁。这之前，梅乃相过不少男人。

松下幸之助后来成为日本的骄傲，梅乃并不因为夫君后来巨大的光环，而掩饰当年她对松下幸之助的看法，她说：“幸之助是我所相过的男人中最差劲儿的一个。”

梅乃出身富裕的船贩家庭，高小毕业。她当时下嫁松下幸之助，只能用东方文化的“缘”来诠释。

松下幸之助的“差劲”，一是家穷，二是体弱。

日本是个以男人为中心的社会，梅乃像所有的日本女人一样，对丈夫忠诚不渝、舍己辅夫，为支持松下幸之助的事业，梅乃把衣服首饰几乎全送进当铺。工厂兴旺，窘境缓解，梅乃最感忧虑、最觉无奈的是松下幸之助的身体。

松下幸之助怕风怕光，待在家里，即使是夏天也得紧闭门窗，拉下竹帘。松下幸之助弱不禁风，致使梅乃担忧他随时都会被病魔夺去生命。

奇怪的是，松下幸之助体弱却命大。别人得肺痨之类的疾病，常常一命呜呼。而松下幸之助，屡得顽疾，边工作边治疗，慢慢地竟掩好了。

有一次，松下幸之助骑自行车和飞驰而来的汽车相撞，连人带车撞得飞了起来。同事常笑话体弱气虚的松下幸之助“吹一口气都能吹倒”，可这次，松下幸之助却像钢打铁锻似的，只受点皮肉伤。

同事和朋友说松下幸之助命大，全是因为名字起得好——叫“幸之助”。松下幸之助与梅乃都承认这一点，可梅乃对松下幸之助体弱的忧虑从不曾减轻一分。

最骇人的一件事是一天松下幸之助排出殷红的血尿来。松下幸之助精神骤然崩溃，昏倒在地。梅乃更是吓得六神无主，悲痛欲绝。后来方知是虚惊一场。

松下幸之助玩命地工作，为缓解疲劳，带红葡萄酒到现场，累了就喝一口。由于酒中红色素的积淀，随尿液排了出来。松下幸之助没有去看医生，我们只能揣测他的消化系统不好，因为其他常喝红葡萄酒的人并不会有这种“血尿”。

梅乃婚后数年没有怀孕，这大概是情理中的事。夫妻俩都未去看医生，我们也只能揣测，原因应该在松下幸之助这一边。松下幸之助本来就是个性欲淡薄的弱男，加之一心埋头事业，对有无孩子并不挂在心上。倒是梅乃心中暗急，一个女人，如不能为丈夫生孩子就没有尽到做妻子的责任。

在婚后的第五个年头，梅乃终于怀孕了！

她羞涩而幸福地把“喜事”告诉了夫君，松下幸之助一愣，说道：“啊，这么说我也可以做父亲了?!”

1921 年，长女松下幸之助幸子来到人间，是年松下幸之助 26 岁，事业有成，正欲大展宏图。

# 扩大生产规模

1922年，松下幸之助决定在大开路一段73号建新工厂。

1920年至1921年间，虽然经济境况越来越差，但是松下电器反而得到了发展。

至1921年秋天，无论松下幸之助怎么想办法，松下电器也应付不了更多的订单了。他决定必须再租一两幢房子，或干脆找一块空地建个工厂。经过深思熟虑，他决定把大开路的一段有一块100多坪的出租地租下来建工厂。

虽然作了决定，可是，当时松下幸之助手头只有4500元。数目虽不能算很多，却足以证明这两年间松下电器赚了不少钱。以100坪的土地来设计，工厂用45坪，事务所和住宅用25坪，总计要用70坪。他自己先画了一个房间分配图，然后请建筑行估价。

建筑行以分配图为基础，加上立体图，送来了估价单。松下幸之助看到立体图时，很兴奋。和16元租金的房子比，真有天壤之别。一想到不久之后，便可以在这样的工厂工作，他立刻感到有跟以往截然不同的生活意义。

估价单上的建筑费是7000多元。松下幸之助手头只有4500元，还缺2500多元，这使他头痛起来。盘算一下："工厂建好，随着机械设备和周转金的增加，无论如何要准备大约13000元的资金才够。"

当时样样都很困难，要向银行借钱，是不可能的。从别的地方借，松下幸之助又没有后台，更是借不到的。

可是看着这张立体图纸，松下幸之助就下定决心一定要建，克服一切困难。但是无钱不成事，实在不得已，只好放弃了。但他又想回来，建筑工期需要6个月，这6个月中松下幸之助可以赚一些贴补上去，但怎么算也无法凑到13000元的数目，于是他叫老板来："老实说，钱不够。因此，请你先建工厂，事务所和住宅以后再说。"

"如果只建工厂，有3500元就够了，这样还可以留下1000元。这1000元加上每月的收益够周转了。只建工厂的话，这个计划是可以进行的。"

没想到建筑行的老板却说："先建工厂，后建事务所和住宅，成本会增加，还是一起建比较合算。要是光建工厂，就得重新估价。"

松下幸之助说："您说的有道理。可是，我的难处已经和您说过了，我的手中只有4500元了。不过，如果你愿意让我延期付款的话，我愿意一起建好。我们公司生意一直都很顺利，绝对不会让您为难。"

虽然是第一次交易，这位建筑行的老板，却一口答应下来："好吧！就按照你能付的条件付清好了。"

"你是说真的吗?"

"我怎么会说假话?"

"可是你不能把我的房子作为抵押哟!"

建筑行的老板说："依惯例，建房子的人钱不够，房屋所有权状要由建筑行保管，等到建筑费付清了才把所有权还给施工主。如果你不喜欢这样，我就信任你，不保留所有权状。"

"好！可是我并不领情啊，我是为了你的方便，才同意的啊!"

"遇到你，真是没办法。"

就这样条件谈好了，松下幸之助很高兴。终于正式决定要建工厂了。虽然他相信建好了工厂增加生产之后，产品必能卖得出去，收益也会增加，约定的建筑费必能付清，可是，他仍然感到责任重大。人家相信他的一句话，他怎么可以背信弃义呢?

付款的日期到了，他一定不能拖延。他对自己发誓一定要如期付清。

新建这座工厂的气魄等于迈出了今日松下电器历史“积极主义”的第一步。因为被建筑行信任，才勉强决定建工厂的事，竟成为他非彻底努力到底不可的原动力。

工程开始是在3月，松下幸之助拜托他们在7月底以前完工，他们也答应说可以完成。他每天看着工程状况的进展，心里充满期望，感到非常高兴。

一有空，他就走路到离家只有1000米的建筑工地去看，随时有意见，他就当场跟工地的人商量解决，希望保质保量顺利完工。

他对这个工厂的期望，无法用言语形容。他从9岁至27岁，这18年间，由学徒开始，终于自力建了工厂，可以说，过去的努力终于有了成果，他感到特别兴奋！

新工厂在当年的7月如期完工，他们立即搬了进去。

新工厂比旧工厂大4倍，设备又是依照工厂的需要而设计，使用效率比旧工厂提高五六倍。关于设备和人员，松下幸之助在建筑进行中就已经准备妥当，一开工全体员工已经超过30名。

新工厂终于建成了。全体员工充满干劲，都有“要加倍努力”的决心。从此以后，业绩顺利发展，更巩固了业界对松下电器的认识。

在稳定中求进步，每月增加一两种新产品，更为各方所期待。

经销店每月都有增加，东京方面的经销店也越来越稳固。在名古屋，松下幸之助开始着手进行市场的拓展。名古屋的代理店冈田、渡边、富永等，就是这段时期开始交易的。这一年进展非常快，接着东京、名古屋之后，他们又到远处的九州开发销售路线。九州的平冈商店，在这个时候加入了他们的阵营。

当时，平冈商店是经销玻璃的大商店，电器生意做得少。平冈很有眼光，他看准了电器的前途，对松下电器的未来发展也很关心，因此他跟松下幸之助很谈得来。

平冈说：“你要开发九州，让我打先锋，咱们好好地干一番吧！”

松下幸之助听了他的话，觉得很放心，就把九州的开发交给他包办。当时一个月 100 元或 200 元的交易额，15 年后达到每月 10 万元，是九州全部销售额的 1/3。

发展到这一年的岁末，全体员工增加至 50 人，月产值达到了 15000 元。

回顾这 5 年，松下幸之助过得非常艰苦，其间不乏资金周转不灵的事，人事问题更使他伤透了脑筋。可是，这些问题都妥善地得到解决，并利用这 5 年扩大了企业规模。

松下电器达到这个地步，业界制造商之间的竞争也激烈起来，各家都接二连三推出自己的新产品。当时，配线器具的制造商是以东京电气为首，东京的石渡电气也不小，大阪的时和商会在关西是一流的，可是和东京电气仍不能相比。

松下电器虽也略具规模，但在这些制造商眼中还差得远。松下幸之助一直想慢慢赶上它们，向配线器具界扩展。他开始想制造开关插座，一直想了很久，做过计划，也少量制造过，是为了避免竞争才停止。

当时的市场竞争仍很激烈，尤其开关插座已经研究到极致，他们无法做出创造性的改良产品，如果制造的话，只好跟大家混在一起竞争了。

还有一点值得考虑，各家都在竞争，只有东京电气一家站在竞争圈外自行定价。松下幸之助决定开发生产电器开关、插座，虽然有制造开关插座的必要，却无法像东京电气那样，制定出自己的价格来。

如果去跟东京电气以外的制造商打混仗，一定非常困难，松下幸之助虽很想制造，可是太勉强也不好。不如把别种产品加以改良，继续增加新型产品，这样比较安全而稳赚。于是他打消了制造开关插座的念头。

这对松下幸之助来说是一件很难过的事。为什么呢？对松下电器很捧场的一位经销商说过："松下幸之助君，为什么不制作开关插座呢？制作开关插座不是很方便吗？你们不制作，我们只好到别家买呀！"

松下幸之助虽然难过，但是时机尚未成熟，不得不忍耐。

松下幸之助认为："不要急着做事，更不可为了面子好看而冒险。一定要安全合算，谋定而后动才行。"

过去5年，松下幸之助做了很多太勉强的事，可是唯有这个开关插座，很想做却不得不放弃，完全是基于不做亏本生意的原则。凡事要由易入难这是常识，也是成功之路。在正常情况之下，都要依这个原则行事，不可勉强。尤其是做生意或做事业，更要注意。

松下幸之助认为年轻人常常因为热情过分而败事，多半是由于没有守住这个原则的缘故。

后来时机成熟，1929年，他们终于也开始制造开关插座了。

松下电器的产品和东京电气同样以一级品在市场销售。制造成本或销售价格方面，都在合算的范围以内，生产量比别家超出很多。

松下幸之助以为，发展事业不能操之过急，要循序渐进，是能够超越同业和前辈的原因。

# 成功研制出电池灯

工厂建好以后，松下幸之助开始关注自行车车灯的研制。这款产品对后来松下电器的发展有着深远的意义。

因为松下幸之助在自行车店干过很久，总想试试制造自行车的零件。可是，并没有什么具体的想法，只不过有这么一个模糊的愿望罢了。

自从经营工厂以后，为了站在第一线活动，他每天骑自行车出去，天黑了就得点蜡烛灯，常常会被风吹熄。尤其是风大的时候，点了又熄，跑一段又熄，熄了就得用火柴再点，实在麻烦得要命。

因为太麻烦，松下幸之助开始想，如果有不会熄灭的灯，那骑自行车会很方便的。

当时自行车照明有三种灯：一种是蜡烛灯，亮度不够，极易熄灭，唯一的优点是蜡烛价廉，因此颇为流行；另一种是进口的瓦斯灯，亮度够，但价格昂贵，只有少数富家车主装在高级车上，非大众产品；还有一种是电池灯，它跟瓦斯灯一样不受气候影响，亮度适中，但电池的寿命仅够维持两三个小时，这成了它的致命弱点。

松下幸之助想：如果电池灯的寿命能延长 10 倍的话，肯定是畅销产品。

这么一想，松下幸之助决定一定要利用电池设计出很完美的东西。这是电器企业的本行，由松下电器来制造销售，名正言顺，除了电器企业以外，还可以向他自己所怀念的自行车店销售。就连松下幸之助自己骑车，在路上不熄灯的渴望也可以实现。

他越想越为自己的想法感到高兴。他的想法也越来越强烈了。

设计工作落到了他自己头上，他不能拖延。他开始画图试作，每天都工作到很晚。

松下幸之助要求自己的新产品绝对不能和目前的电池灯一样，两三个小时就用光，一定要构造简单，不出故障，很耐用，至少能使用10小时以上，而且价格要便宜。

这话说来简单，制作起来却相当困难。3个月过去了，在这期间，他制作过几十个，甚至近百个试验品。经过6个月的工夫，松下幸之助才制作成第一个炮弹形的电池灯。

当松下幸之助试验做炮弹形灯时，九州的平冈来找他，看到了这个新型灯，对他说了一些鼓励的话，他至今还不能忘记他温暖的友情。

设计车灯的时候是很幸运的，刚好有人推出了用电较少的“豆灯泡”，消耗的电量只有旧灯泡的1/5，大家都叫它“五倍灯”。他立刻采用了新型的豆灯泡，把探照灯用的电池重新组合，装入炮弹形灯壳，试点效果，果然不错，竟可以耐用30小时至50小时。

原来的自行车车灯只能点三四个小时，这种新型灯等于提高耐用10倍的创新性新产品。松下幸之助一再做实验，也实际用用看，连自己都为它的耐用和省钱大吃一惊。

松下幸之助深深感到自己的确是成功了，但他并不自满，同时也在思考还有比这个更好的自行车车灯吗？外形好看，构造简单，一组电池就可以点四五十个小时。电池钱才3角多，蜡烛一小时点一支也要2分钱，这种灯一定会畅销。

渴望很久的理想终于实现，而且可以成为今后赚钱的生意，这对松下幸之助来说，是双重的高兴。他下决心大量制造和销售，便开始着手准备。

炮弹形电池灯的制作和销售，获得了意外的成功，而且产生了自行车车灯界的革命。当时到乡下去，没有一个地方不使用电池灯，还可当作手提灯；以前点蜡烛时常常发生火灾的情况都没有了。之所以能产生这么大的作用，完全是因为电池灯虽然是简单的发明，却具有普及性的效果。

电池灯制造和销售过程并不是一帆风顺，其间产生了许多麻烦。

1923 年 3 月，终于依照研制完成了样本，开始制造了其中大部分的零件，松下工厂没有设备，只好向外订购。

订购的第一件设备是木箱子，没有现货，可能要找木器企业定做。到哪儿去找呢？他完全不知道。

“先找木器企业吧！”松下幸之助翻遍电话簿上的广告栏，又到各处去打听，找到了两三家。他立刻把做好的样品拿出来给人看，然后开始谈定做事宜。

木器企业是第一次做这种生意，所以一再考虑，不肯爽快地答应，何况数目只有一两百个。

这就使松下幸之助犯愁了。后来他一再向对方说：“这的确是有价值的实用品，可以大量销售，起初也许是新型，比较贵，可是将来本钱一定可以补回来而且有余。”

最后只有一家若松木器企业答应了。

可是对方却说：“你们一个月要定做多少个？不预先说好，我们无法准备材料。数量少的话，也没法定价格。最初一两个月只能算是熟悉工作，并没有钱赚。你说有发展性我相信，我们的设备也要改，所以要保证每月的订购数量才行。”

这是合理的要求，对产品松下幸之助虽然有信心销出去，准确的数目他却估计不出来。要长期固定每月数量是很困难的，因当时松下电器还没有什么名气。

何况是非同业的木器企业，自然不知道他们的信用，叫他们便宜，就得在比较诚实的态度之下定做才行。不论如何，松下幸之助决定每月定做 2000 个。

于是木器企业按照每月做2000个的计划去准备。他虽然有把握，却也很担心。铁器部分没有什么麻烦，有的要定做，有的要自己制作。

干电池的心脏最重要，那是因为电池灯之所以会失败，除了灯的构造有问题之外，最大的因素在于干电池本身品质不良。因此，干电池的好坏，可以决定这个灯的成败。

用什么牌的电池才好呢？当时在关西地方，一流的电池是朝日干电池，在东京是冈田干电池。其他还有四五家一流厂牌。松下幸之助进一步去调查，才发现二三流的干电池工厂竟有50家之多，这让他大吃一惊。

朝日干电池工厂当时是关西唯一的制造商，态度骄傲，恐怕谈不成。东京一流的干电池工厂，也跟朝日工厂一样，生意很难谈成。不得已，只好从二流干电池厂商里挑一家最好的。

他在东京收集了10多家干电池成品，认真地加以比较研究，认为小寺工厂的产品最可靠，就跟他们开始交涉。小寺工厂也很乐意地答应了。

电池订购的交涉比木器企业简单，松下幸之助很高兴。箱子和最重要的电池都解决了，零件也准备好了，可以组合了。同年6月中旬他们开始制作。

终于在6月底，一切都准备就绪，开始销售。他自己送货到商店去，向老板说明特点。他期望他会这么说："这个很不错，可能很畅销。"

出乎意料的是，老板却说："听你的说明好像很不错，可是卖得出去吗？电池灯毛病很多，信用很坏，恐怕不大好卖，尤其是你用的是特殊电池，买不到备用品。如果路上电池用光，附近买不到，那就很不方便。这个东西，恐怕很有问题。"

构造特殊，而且耐用，实用价值高，价格又便宜，他怎么反而说有问题呢？松下幸之助心里很愤慨。

松下幸之助起先的热情消失了，只告诉他："请卖卖看吧，我放一些样品在这里。"这么一来，精神就消沉了，可是信心依旧。

松下幸之助继续在大阪各经销店跑。一家又一家，使他很吃惊的是，每家对他的产品都不感兴趣，而且拒绝时说的话也大致相同："因为使用特殊电池，所以买的人不方便。买不到备用电池，恐怕就很难卖出去了。"

到了这个地步，简直是穷途末路。怎么都把优点说成缺点了呢？大阪不行，到东京去看看。到东京的各经销店去走一趟，结果还是一样，大家都说不好销，都没有人愿意订购。

到这时候，松下幸之助为这个结果惊讶不已。

这怎么行呢？车灯是真的不行吗？他又进行了一次反思，可是怎么也想不出不能销出去的道理来。批发商都夸大缺点，而不肯看优点，不，反而把优点当作缺点来看！这是一种误解，批发商是看重标准型电池了。

如果转向电器企业以外的外行人，或自行车店，不会太顾虑电池问题，反倒会比较客观地看这个电池灯吧！也许走自行车店路线，去开拓销售网会更好！

松下幸之助暂时放弃了电器企业，改向自行车店推销。自行车店没有松下电器的经销店，所以不大熟。他们不认识松下电器。如果说明不适当，恐怕比电器企业更难交涉。这么一想，他就更紧张了。如果自行车店也卖不出去的话，一切就都完了。

6 月开始制造的成品，已经有了 2000 个库存。

他们跟木器企业有合同，不久就会积下三四千个。如果再拖延，电池也会损伤，非想办法不可，这是一定可以卖出去的东西，只因为大家不知道它的真实价值，他一定要想办法让自行车店知道。

免费寄售电池灯在大阪各家自行车店的结果，比电器企业更惨。他们根本对电池灯不感兴趣。这其中的原因是自行车店以前试卖过的电池灯品质太差，他们吃了亏，以后就再也不敢卖了。

不论松下幸之助怎么热心说明，他们却不大注意听，然后对他说："电池灯我们再也不敢卖了。请你看看那个商品架，去年买的电池灯还在那儿，到现在还卖不出去，我们亏本亏大了。"

不但推销不出去，还要挨训。其中也有好心的人说："这是蛮好玩的东西啊！真的可以连续点三四十个小时吗？就怕不是真的。向来电池灯都是夸大其词的，推销这个得有耐心，要在自行车店销售恐怕不容易。我们暂时不想订购，祝你到下一家能成功。"

这是唯一对松下幸之助可以说是安慰的话，此路也不通。如今松下幸之助也没有勇气去东京的自行车店试试了。其实不试也知道，结果一定是大同小异。

松下幸之助花了一个月的时间，试着去说服每一家批发商，结果还是一样，他们都说："特殊电池不好卖，对电池灯再也不敢领教了。"松下电器电池灯库存越来越多。

可是他并不灰心，对自己说："这是不可能的，怎么会有这种怪事呢？我一定有办法把它销售出去！"

日子一天也不能再拖了。

后来松下幸之助想出一个死里求生之计，暂时不卖，先请大家用用看，以便证实它的真价值。用后自然明白，明白了以后就愿意经销了。

那么，要怎样请人试用呢？批发商很忙，他们不肯做这种麻烦的实验。于是他下决心，直接请零售店试用，然后请他们加强宣传。

仓库里已经积存了三四千个，而且每天都在生产中，叫一两家零售店做实验已来不及。他一定要采取一边实验一边销售的方法。

最后决定，大阪所有的零售店，每一家都寄存两三个电池灯，其中的一个要现场点亮，告诉他们："一定可以点30小时以上，请注意看灯什么时候熄。如果真的可以点30小时以上，你们又认为卖得出去的话，就请把其余的卖出去。客人要买的时候也请把实验结果告诉他们。如果有不良产品或时间不超过30小时，可以不付钱。”

他用这个办法，每天去巡察大阪的每一家零售店。一个人详细说明，一天走不了几家，所以他找来3个业务员分区去进行讲解。

这几个业务员都认为很有趣：“哪有这么好玩的工作？每天拿电池灯去寄放，不必收钱，当然不会惹人厌，它们一定很欢迎的。”

这当然是有趣的工作，像这样的做生意法，实属例外。一般生意失败的最大原因是东西虽然卖出去，钱却收不回来。因此，他的办法是冒险的。

电池车灯的情况非常特殊，但松下幸之助对此很有信心，他相信只要让大家了解了电池灯的价值，其他问题都可以迎刃而解。几个业务员一天拿出去的数量是七八十个，金额相当不少。这并不是寄售品，所以不能收钱。这样子的试用法，他们就无法编制预算了。

情况不好的话，也许一角钱也收不回来。以当时松下工厂的财力来说，这是个大问题。到底等多久才有回收呢？松下幸之助很不安。可是除此之外已无第二条路可走！

“好东西到后来必定会畅销。”这句话是他唯一的靠山。

当时他认为，只要发出去1万个，就会有反应的。1万个的价格是一万五六千元。如果没有反应，工厂就会周转不灵，这等于拿松下幸之助的命运作为赌注了。

松下幸之助费心听取业务员回来的报告，渐渐地产品的真正价值被承认了。

甲业务员说：“今天成功了。我到上次寄卖的零售店去，老板说：‘点灯的结果，比说明书上所说的时间更耐久。这样的电池灯第一次看到。’另外两个灯，已经卖给了我们的老主顾，这是货款。可以再送货来啊！”

另两个业务员也说：“试点电池灯的结果都一样，所以每家都很满意。今天有几家已经把钱交给我了。老板，这是最大的成功。我以前听说零售店付钱不爽快，可是依今天和昨天的情形看来，钱很好收。我们会继续加油，请放心。”

像这样的报告，过了一个月之后越来越多了。一个月之间，他们寄卖了 5000 个电池灯，起初怕收不到钱，现在却很好收。到现在才证明他最初的信心没有错。又过了两三个月，零售店常因为等不及业务员去，主动打电话或写明信片来订购。

到了这地步，事情就好办了。越来越畅销，每月可以销售 2000 个了。更有趣的是有些零售店，嫌打电话或写明信片给松下幸之助工厂太麻烦，转而向批发商订购。批发商也发现松下电池灯很畅销。

本来松下电器去拜托批发商，他们不理，现在情况恰好反过来，他们被零售商逼得去求松下电器。

卖给批发商的价格比较便宜是当然的。但是制造商直接卖给零售店非常繁杂，所以，原则上还是通过批发商去经销才是正道。松下幸之助趁这个机会，再去拜托好几家批发商，请他们接下零售店的经销工作。

批发商夸奖他说：“了不起！能自己打开这一条销售路线，真不简单！”

回想电池灯销售的经过，真是给他一次“穷则变、变则通”的实际体验。设计代理店销售制度大阪方面已经上了轨道，全国各地都还没有去开发，那么，东京和其他城市，也要按照大阪的模式去做吗？那是不行的。

如果想在外埠推行这种方法，不论人手或资金方面都有困难。由松下工厂直销是下策，于是松下幸之助决定征求各城市的代理店，由代理店去包办。

销售成绩已经在大阪获得证实。为了找全国各地代理店，松下幸之助刊登报纸广告。第一个来应征的人是吉田幸太郎，松下幸之助向吉田详细说明大阪的推销经过和成绩。

吉田一听就了解，看看电池灯说："一定可以畅销。我愿意负责奈良县和名古屋的代理权。"他立刻交出了200元的保证金。

最初，拼命说服批发商也行不通的，6个月之后却可以向代理店收保证金，这么一比较就觉得，做生意是很有趣味的工作。

吉田有自己的独家路线，当天他把样品拿到名古屋去，立刻把名古屋的代理店工作交给了认识的人，而收取了权利金数百元。对他那样敏捷的买卖手腕，松下幸之助着实也吓了一跳。

向吉田买代理权的人，也是一个很有趣的人，他不是电器企业，也不是自行车店，完全是外行人，可是很会说话，所以在名古屋推销得很成功。

后来代理店越来越多，制造方面也得确定大量生产的方针才行。为了减少销售事务的繁杂，松下电器开始减少批发商的数目。就在这个时候，松下电器和大阪的山本商店谈妥，把大阪的总经销工作，一手交给了山本商店包办。

山本商店的老板山本武信，本来是以化妆品的批发兼出口为业，在大阪很有信用，生意也做得很大。这位山本看了电池灯一眼，认为这个东西好，就跟松下订了合同，这让松下幸之助内心非常敬佩。

山本跟松下幸之助一样，10岁就到大阪船场化妆品批发商做学徒，从实际磨炼学得生意窍门，他做生意很有自信，而且反应敏捷，是一个有眼光的人，为人重情义，喜欢帮助别人。他独立以后，旧东家没落，他负责抚养东家的儿子，帮他经营，真是讲义气的男子汉。

和松下幸之助一样，山本也没什么学历，可是他立志要做海外贸易，曾到南洋旅行过七八次，也到过美国，把日本的商品向国外拓展。

最让松下幸之助对山本深感佩服的是，他在欧战时期大量出口商品，非常活跃，也很赚钱，拥有不少的财产。战后商品出口停止，库存的东西降价，钱不能回收。

开出去的支票快要有问题了，虽尽了最大努力仍无法挽救，到了这个地步，他下了决心宣告破产，就在退票的前几天，把所有的财产都交给银行处理，连太太的戒指和自己的金链都交出来。

普通人在退票之后，总是在银行有所要求下，才勉强提出一部分来。跟一般人比较，山本的确伟大。松下幸之助当时就想，如果他也遇到那种情况，是不是也能像山本那样敢于负责到底呢？

银行对山本的诚意也非常感动，主动向山本提供了许多援助，使他的事业能顺利过关。经过这一次考验，山本反而更增加了一层信用，终于能够突破难关，继续经营他的事业。

松下幸之助和山本做了3年的生意，从他身上学了不少东西。

松下电器能有今日的成功，山本功不可没。山本唯一的缺点是非常任性。因此，他常常和松下幸之助发生冲突，有时甚至激烈辩论到天亮。这大概是因为他们两个都太热衷做生意的缘故吧！松下幸之助把大阪府下的总经销业务交给了山本，以后生意也更加顺利了。

# 与代理店签订协议

1924年，全国上下都在迎接新年。自行车电池灯销售顺利。电器用具进入第六年，更是充满了新希望。松下幸之助下决心要在这一年好好地大干一番。

这一年，他和山本商店经过一些波折之后，终于签订了合同。这件事使他对做生意有所领悟。往大的方面说，做生意和经营一个国家差不多。

1923年9月关东大地震后，百废待兴。在1924年初春，松下电器又在东京开设联络处，主任是宫本。松下幸之助对宫本说："你一直待在工厂，我观察过你的性格，要派你到灾后重建的岗位去。我认为你是最适当的人选，所以要选择你。"

他又接着说："灾后的复兴工作，一定要能吃苦耐劳才行。希望你以出征战场的心情，全力以赴，完成任务。"

宫本也很感激，流着眼泪说："我虽然一直在工厂，没有销售经验，可是我一定拼命努力，不辱使命。"

为什么流眼泪呢？员工出差或开设联络处，这在业务上是一件很平常的事。可是松下电器当时的经营作风，都带有"只许成功，不许失败"的决心，这才会使受命的人富有"不成功便成仁"的精神。

宫本以"事若不成誓不还"的决心，向东京出发了。他一到东京，立刻在芝区神明町找到一间违章建筑，以40元的房租租下来，马上开始了重新营业的种种准备。

过了两个月，松下幸之助到东京联络处去，使他吃惊的是，他本以为付了40元房租的房子一定是相当宽敞的，没想到竟非常简陋。

松下幸之助问宫本:“这么窄的地方,你们夫妇和见习店员 3 个人,在哪里睡呢?”

他回答说:“这个不用操心。”他把凳子一排,立刻架成了一个两人折叠的床。“晚上在这上面睡,早上收拾起来在这儿办公,跟打仗一样啊!”

松下幸之助听了很感动。到处都是烧过的房屋,住在这种地方也是不得已。可是连休息的地方也没有,而且日夜不停地工作,没有一点埋怨,这样埋头苦干,谁能不感动呢?

这一年,东京销售受到经济复兴的影响,业绩非常好。尤其电池灯销售得最顺利。仅有 4 米宽的店铺堆满了要送的货物和刚到的货物,店内就没有工作的空间了,只好把一部分货物移到马路上。

每次警察来警告时,他们会说:“好的,好的,马上收进来。”

刚刚说过,寄来的货物又到了。

“没有地方放,放在马路上吧!”

“你们怎么又妨碍交通了呢?”

“刚才的货已经收好了。这是刚到的,我们立刻把它送出去,请原谅!”他们忙得团团转,真是吃不消。

松下幸之助对当时生意忙乱的情况记忆很深。那么窄的地方,用凳子架成床来睡觉,生意却做得有声有色,使附近的邻居都感到惊讶!

1924 的 9 月,电池灯的月产量达到 1 万个,可以算是很成功了。就在这个大畅销的时候,竟发生了一个意外的难题。

本来各地代理店都划定销售区域的。可是包办大阪销售的山本商店,却随着销售量的增加,把商品也卖给了大阪市内的批发商。通过这些批发商,商品流入地方代理店的区域里去。这么一来,地方的代理店就要讲话了,因为从别处进来的商品,会侵害他们的利益。

地方代理店的人找到松下幸之助,叫他不要让别处的商品流入他们的区域。

松下幸之助只好去找大阪的山本商店交涉："地方代理店有这般的苦衷。我想这要求是合理的，所以请贵店控制好批发商，不要让商品流出去。"

山本却说："我是大阪唯一总经销，我没有卖给其他地方。所以没有违反合同。"

"这个我知道。可是，如果你们卖给向地方销售的批发店，自然商品就会流入地方代理店的区域去，同时会侵害到他们的收益，所以请帮帮忙，多多考虑地方代理店的利益。"

山本却回答说："那可不行。卖给市内批发店，当然会流入地方去，这是早就知道的事情，有什么好说的呢？你也真奇怪。可见你根本不知道全国买卖的实际情况。你要站得稳，对那些通过批发店流入地方的商品，地方代理店有优异的竞争条件，所以多少流入了一些，并不会严重影响地方代理店。因此，你应该有把握地向他说明，我们可不愿意为了这些事去听你抱怨啊！"

山本的话也有道理。实在是公说公有理，婆说婆有理。到底怎么办才好呢？最后松下幸之助写信给山本商店说："您说的虽然有理，可是也请考虑地方代理店的立场，尽量避免侵害他们的权益，在销售时请多多留意。"

对地方代理店，松下幸之助回信说："我已经请山本商店自我约束，可是多少仍然会流入地方，这一点恐怕是避免不了的。那些通过批发店流入的商品，在价格方面不是你们的对手，请在销售上设法加强为要。"

可是日子一久，随着商品的销售增加，有些地方代理店就要解除合同。有的甚至说，要停止付货款等，可见他们的不满已经到了顶点。

事到如今，必须好好处理不可。好不容易销售量增加了，如果处理不得当，恐怕会搞得一团糟，其关键在于大阪代理店和地方代理店之间的协调是否能够圆满解决。问题是现在双方都情绪激动，要协调恐怕不容易。

松下幸之助从制造厂的角度，有义务协调奔走，这个问题不解决，生意也做不下去了。

山本商店的作风一向很强硬，恐怕不会答应地方代理店的要求。可是问题不解决，代理店是不会安静下来的。事情到了这个地步，松下幸之助必须站在中间人的立场，把双方都请来直接商量，他希望以诚心要求双方达成协议，圆满解决。

于是在大阪的梅田静观楼，举行了第一次代理店协商会议。

一大早就开会，各说各的话，松下幸之助也努力协调，到了最后，山本说："我以大阪代理店的立场表明：我们不能中止批发销售。通过批发商，商品多少会流入各位的销售区域，那是不得已的。"

地方代理店却建议："大阪是集散都市，发售给批发商，会侵害到各代理店的权益。所以，最好是中止通过批发商的销售方法，改为直接批给零售店的方法，请大阪代理店能够改变销售方式。"

双方不肯让步。

松下幸之助再三强调，各方坚持己见，就会变成意气用事，请山本控制好批发商。另外，地方代理店，也不要为了流入一些商品而斤斤计较。大家要做生意，应该和气生财啊！

可是山本的最后提案却是："如果要叫我改变经营方针的话，我就解除代理店合同。松下电器如果愿意提出2万元作为违约金，我们愿意退出。如果不愿意，就把全国的销售权都卖给我。这么一来，地方代理店就会变成我的大主顾，我会尊重你们的立场，我能使大家圆满解决。地方代理店的业务可以继续，松下电器也可以专心制造，山本商店以总经销的立场，尽最大的努力去开展业务。这个办法，不是一石三鸟的好办法吗？"

地方代理店里面也有人赞成这个办法。松下幸之助对山本的提案大吃一惊，这是意料之外的事。可是，他越想越觉得："山本这个人实在是了不起！"内心里一方面感到佩服，一方面也感到愤慨。

这是个重大问题，松下幸之助得回去再三考虑。他说："今天的会议，不欢而散的话是很遗憾的。我站在制造厂的角度，一定会想出一个妥善办法，暂时请照旧经营，维持现状，谢谢各位。"

第一次协商会议，就在没有决议的情形下不了了之。

经过这一次会议，地方代理店的意向，松下幸之助已经明白了。要考虑的是，山本商店和松下电器之间的问题。他也想过，像山本那样，把权利和义务分得那么清楚的作风，真令人愤慨。

会议完了之后，松下幸之助冷静地思考这个问题。

松下幸之助认为不如彻底信赖山本的商业信念，把一切都委托给他，自己专注于制造比较好。这样他还有电器制造的本行工作，自行车电池灯是他的副业，他越来越偏向于这样的想法。

终于下决心，只要有适当的方法与条件，他愿意把销售权卖给山本。销售区域发生问题他已经下决心，可是其他代理店也各自持有立场，不一定都愿意答应。就算大家都同意，如果以后不顺利，也是很对不起人的。

山本既然敢负全责，一定有他自己的方针。如果按照松下幸之助的方针做就好了，不过恐怕他的作风稍有不同。想到了这些，他又不敢草率地提出来谈了，只告诉山本，如果双方的意见一致，可以进行讨论，然后注意情势的发展。

虽然山本与代理店之间的纠纷依旧，可是销售还是顺利进行。1925 年的春天，车灯销售也进入第三年。工厂作业更加忙碌，大开町四丁目建筑的第二工厂，于当年 3 月完成，松下幸之助把电池工厂搬迁了过去。

电器这一边也很顺利。4 月，代理店问题终于到了非解决不可的地步，情况进入与山本认真交涉的阶段。跟山本交涉是一件很吃力的工作。

山本的一套主张都是清清楚楚的：“既然要让我包办，就统统由我做主。你要干涉的话，我就不能彻底做好。”

于是松下幸之助说：“让你包办可以。可是，完全无视制造厂而任意做，我们有为难的地方。尤其要尊重过去的代理店的想法。”

如此这般的再三交涉，松下幸之助说：“山本先生，我一向佩服你的主张，提案和做生意的强硬作风我也欣赏。我决定把全国的销售权卖给你。但是，你也知道，目前的产量是月产 1 万个，把 1 万个销售出去，你有把握吗？你能保证吗？”

“你担心是当然的。不过，松下君，我认为做生意，我比你还稍微强一点，要是没有把握的话，敢提出那样的主张吗？我已经有一整套的销售计划，请你放心交给我吧！我要花很多的广告费，日常经费也不少，一个月不销 1 万个以上我也不划算的。因此，销售量的问题，你绝对不用操心。但是，销售方法请你一切都交给我办。”

就这样作了最后的决定。当时的条件是，协议有效期 3 年，要点如下：

电池灯的商标权、新案权，以 3.2 万元的代价，山本向松下幸之助买下来；

电池灯的制造权由松下幸之助保有，负责制造与供应；

松下幸之助每月制造 1 万个以上，山本负责销售；

对待地方代理店，原则上要沿袭松下幸之助的方针。

大体上以这 4 条为原则，于 1925 年 5 月 18 日，到法院去完成了公证手续。

这个合同的第一项，以 3.2 万元买下商标的意思是：如果山本销售成绩不好，平均每一个商品的权利金就会提高；如果销售量增加的话，权利金就会降低。

从第一项的3.2万元权利金即可看出，山本是一个很慷慨的人。松下幸之助对他这种大手笔作风，感到很敬佩。

交涉完成，松下幸之助松了一口气，山本也很高兴。

在这段交涉中，使松下幸之助难忘的是山本的总经理木谷，他是一个彻底忠于主人的人。他的热心，使这一次的困难问题获得了解决。当山本和松下幸之助的意见对立时，他做和事佬，为他们打圆场。

山本有了木谷这样的好助手，他的事业才会那么顺利。他们真是最好的模范搭档。后来跟松下幸之助一起住在京都的加藤大观师父，那时是山本商店的顾问，这一次的交涉工作，他也是关键性的人物之一。

山本是一个任性而短虑的人。他自己知道有这个缺点，所以请加藤先生做顾问。对这两个人，松下幸之助当时就觉得很有缘分。山本常常采纳加藤的意见，加藤也很信赖山本。生意上的重要问题，他们和木谷3个人鼎足而立研拟方针。

松下幸之助一个人对付他们3个，当然是很吃力的。总算谈成了交易，他也松了一口气。

# 重视人才吸纳能人

松下幸之助对人才格外重视。员工中有一名叫中尾哲二郎的人，他是大地震那一年的年底加入松下电器的。

松下电器有一家转包的工厂。那里的老板本来一直在东京工作，是井植劝中尾到大阪来的。

中尾是老实人，工人出身，有一点固执，但是做事很努力。中尾脾气古怪，做底盘所需模型都要从东京定做带来。模型要修理，明知大阪也有很不错的模型行，买个新的也不过二三十元，但他还要一个个送到东京去修，真固执。

不过，这一来，当然可在大阪保持最优等的产品。这种工作态度很有趣，只是太拘泥了，松下幸之助认为不是很好。

刚好这家工厂是松下幸之助转让给他们的。当他们要赶时间修理时，松下幸之助连工厂都免费借给他们使用。每次都是老板自己到工厂来借用。

东京地震那一年岁尾，有个陌生的小个子青年来到松下电器。他自我介绍道："我是H工厂的工人，来借用你们的车床，请多关照！"

他的头发很长，面孔白净，与其说他是个机器匠，还不如说他是一个画画写字的学生娃，这是松下幸之助对他的最初印象。但看了他操作车床，松下幸之助觉得他技术已相当娴熟。

"你很年轻，技术还挺不错的，好好为H老板服务吧！"临别时，松下幸之助勉励他道。事后，这青年人的形象深深印在松下幸之助脑海里。

松下幸之助想："这青年人叫什么名字呢？他是哪里人？什么学

校毕业？他怎么来H工厂的？他在H工厂干得顺心如意吗？”

这个人就是中尾哲二郎，后来曾长期担任松下电器的副总裁。

1967年8月，中尾与松下幸之助出席夏季经营恳谈会。中尾以自己的亲身经历为实例，介绍松下幸之助的人才观，并回答了松下幸之助当年藏于心底的疑问：“我是从23岁起，就受到松下电器的照顾，不过，说起当初加入公司的经过，却是一种相当不可思议的缘分。

“本来我是想在工业界立身，带着希望在东京拼命，却不巧碰上1923年的大地震，使我变得无家可归，独自一人流落到大阪。当时我根本不知道有松下电器，也没想过要进电器工厂服务。我身无分文来到大阪，最初想进大型兵工厂，可我身体不合格而未能如愿。我接着把目标转向大公司，就去钟渊纺织公司。他们的答复是仍需操作工，机械技术人员暂无空缺。我已是山穷水尽了，在报纸上，我一眼就看到松下电器征募员工的广告。

“当时，我觉得‘电器’这两个字相当具有魅力，就急忙跑到大开路去。这才知道实际不是松下电器需要人，而是与松下幸之助协作的H工厂需要人。我辗转到了H工厂，我惊奇地发现，这家工厂只有H老板一个人。所谓员工，如果我进去的话，我就是唯一的员工。H工厂是做什么的呢？是为松下电器做一些很简单的配件。这种工作，对我来说是非常容易的，并不适宜喜欢做复杂技术工作的我，一天的薪水是1元，而我在东京是每天3元。当时大学毕业生遇到待遇好的公司，每月90元。

“这样的工作，这样的待遇，确实委屈了我，但我抱着既来之则安之的心理，待了下去，这就是缘分。如果我一走了之的话，就不会遇到松下幸之助先生。

“模型损耗了，H老板要我去东京找人修理或定做。我说：‘我会，不必跑去东京。’我这才算真正进了松下电器的工厂，认识了松下幸之助先生。因为我会做模型，觉得自己很了不起。久而久之，就毫无顾忌地提出各种意见，用现在的话来说，就是‘提案’。但是，任凭我怎么建议，老板就是不听。也许我太年轻，也许是实在说了太多的大道理，最后把H老板惹火了，扬言要把我辞退。这成了我进入松下电器的契机。”

在恳谈会上，董事长松下幸之助听了上述的话，接着作了一番补充。松下幸之助说：“听了副总裁的谈话，我也想起了四五十年前的事，虽然我对当时的印象很模糊了，不过，因为中尾君比我还清楚这件事，所以我想事情应该就像中尾君所说的一样。

“人类真有一种不可思议的缘分。我们协作工厂的H老先生那时来到我的写字间，劈头就叫道：‘头儿，不好了呀！’

“我说：‘什么事不好了？’

“他说：‘就是那个到我那里工作的小青年中尾啊！’

“我说：‘他怎么啦？’

“他说：‘他一点也不听我的话，只要我说要怎么做，他就一一把我的话反驳掉，他还隔三岔五地要我这样做，那样做。那个小毛头真是麻烦得很呀！’

“我说：‘我见过那个年轻人，他上次来这里借车床用，我觉得他很不错呀。’

“他说：‘不，不，麻烦得要命，我都头痛死了！’

“我心里想，H老先生是一个怪人，不容易接受不同的工作方式。他认为大阪的模具厂不行，宁愿把非常简单的模型送到东京去做。可见，问题是出在他身上。

“于是，我就说：‘既然中尾这么使你头痛，那么，能不能让他上我的修理工厂来工作呢？’

“老先生一听，喜形于色：‘你真要他？我正为如何甩掉这个包袱而发愁呢，拜托！拜托！’就这样，中尾君进入了松下电器。”

松下PHP研究所是这样评价这件事的：“世有伯乐，才有千里马。一匹能跑一千里的名马，若没有碰到能赏识他的伯乐，那么，这匹骏马一定无所事事，白白糟蹋了一生。伯乐获得了中尾先生这样一位奇才，中尾先生的才能才得以展现出来。”

H老板把珠玑当顽石甩给了松下幸之助，松下幸之助真是求之不得。平心而论，以中尾这样的技术人才，当时不是因为“背时”，也不会“屈尊”来松下幸之助的工厂。

松下幸之助对中尾如获至宝，他稳住中尾的策略，不是给予高待遇，而是委以重要的技术工作。松下幸之助了解中尾的品质，中尾热衷于高难复杂而又实实在在的技术工作。他不像当时有较高学历的年轻人野心勃勃，好高骛远，渴望在政界军界商界做风云人物。

中尾果然不负松下幸之助的厚望，把交予他的工作干得很出色。这使松下幸之助笃信，中尾的人格是值得信赖的。果然，一年后中尾“跳槽”，证实了松下幸之助当初判断的正确性。

这一天，中尾找到松下幸之助，说有话要讲。接着就缄口沉默，很为难的样子。松下幸之助鼓励他把话说出来。

他说：“我想辞职，不知道如何开口向您说。”

松下幸之助深感意外，问道：“为什么？”

中尾说：“我以前当学徒追随多年的老主人，他的儿子打算重新开工厂，写信恳求我回去帮忙。对您实在很抱歉，为了重振老主人家的基业，为报答老主人对我的养育之恩，我应该义不容辞地去助他儿子，以尽绵薄之力。”

松下幸之助与中尾相处一年，极为欣赏中尾的人品与才能，再说许多工作确实离不开中尾，实在不想放中尾走。但中尾是为报主人的旧恩，这是一种非常高尚的行为，值得为他庆贺才对。

因此，松下幸之助非但没有挽留，反而为中尾开了盛大的欢送会。会场设在豪华的天满桥野田屋餐厅，这是一场高规格的礼遇。

1924年12月28晚，所有的员工都济济一堂。户外北风凛冽，室内温暖如春。松下幸之助由衷称赞中尾不计个人得失、报效东家的可贵品质。

松下幸之助说道："我衷心预祝中尾君辅佐东家基业成功！万一工作不顺利的话，绝不要转到别的公司去，一定要以'埋骨在松下电器'的决心回来。到时候我们一定会以万分喜悦之情欢迎你！"

中尾十分感动，噙着泪水说了一番感人肺腑的话。会场寂静无声，不少员工泪水潸然。

中尾恋恋不舍地去了东京。少东家开的工厂，学徒和女工才10来人，规模很小。中尾挑起制作与销售两副担子，一天到晚忙得四脚朝天。

中尾仅来过一封信，就不再联系了。松下幸之助也是个大忙人，渐渐把中尾的事淡忘了。

次年夏天，松下幸之助去东京联络处。联络处主任宫本说："中尾君来过这里，这是他们工厂制作的收音机矿石检波器，这是样品，他希望我们帮他销售。"

"啊，是中尾君？他来过这里？他干得怎么样？还称心如意吗？"宫本的话，勾起松下幸之助对往事的回忆，他依然这么怀念和关注中尾。

松下幸之助的问话，宫本无从回答。

于是松下幸之助说："你尽可能帮他销售吧！"

宫本按照松下幸之助的嘱咐，跟中尾签了销售契约。宫本事后告诉松下幸之助："中尾的少东家开的是铁工厂，生产一般的铁质产品，因竞争激烈，经营不怎么顺利。中尾为了维持工厂的生存，研制了矿石检波器，指望它能够扭转工厂的困境。"

中尾不愧是制造业的行家，这个通过松下电器销售网推向市场的产品，极受欢迎，十分畅销，大大缓解了少东家工厂的燃眉之急。然而，当时收音机的普及率很低，矿石检波器的需求量毕竟有限。光靠这一种产品，仍不能将工厂从困境中拯救出来。

为此，松下幸之助特地去中尾少东家的工厂，了解他们的经营状况，提一些参考建议，为他们打气加油。

中尾很感激松下幸之助，他做了不懈努力，但工厂的起色总不大。

这个时候，宫本直率地谈了他的看法："中尾君为少东家的工作费尽心血，仍不见好转的迹象。资金不够，员工等发薪水，工厂等买材料，前几天中尾君来借钱，那种窘迫样子，真叫人同情，我通融了他一点点。在这种情况下，中尾君的心血是白费的，他的一身技术也无从发挥，真可惜啊。依我看，把中尾君请回来！"

宫本的话确实有道理，松下幸之助问："不知中尾君本人的意向如何？"

宫本说："中尾君一心要辅佐少东家成功，但总不能如愿，他现在进退两难了。依中尾君的性格，他好像有要与少东家的工厂荣辱共存、拼死到底的样子，这不是太可惜了吗？"

松下幸之助也为中尾深表惋惜，但更为中尾的效忠感到敬佩。

松下幸之助说："你们彼此交换意见试试看。中尾君是很可靠的人，我梦寐以求有这样的人为松下电器效力。但是把中尾君挖回来，少东家的工厂不是更加困难吗？再说，中尾君自己恐怕也不忍心未见成功就一走了之。不管怎么说，我们不能逆中尾君的意愿。"

松下幸之助又一次去东京联络处，宫本开门见山地道："我已跟中尾君交换了意见。中尾君说：'能回松下电器做老本行，自然很好。可工厂这种状况，我放心不下，恐怕要辜负你的一番好意。我至少要留下来，直至工厂经营稳定为止。对少东家的工厂，我是负有责任的。'

"中尾君还说：'如果我有一天能回松下电器，一定是工厂经营良好，不再需要我了。那个时候，我想少东家也一定会让我走的。我也有意回松下电器，好好报答主人对我的厚爱。可现在虽想回去，却是不能的啊！’”

松下幸之助感动之极，久久不语。宫本说：“老板，我有一个想法，不知是否妥当？为了使中尾君少东家的工厂稳定，干脆把分散在大阪的铁器零配件，全部包给他们工厂做，不是很好吗？这样的话，工厂就会走向正轨，进而再改成松下电器的附属厂。那位少东家我看蛮能干的，只要资金订单有保证，他能经营好这家工厂。

“到时候，我们就可以请中尾君回来了，发挥他的专长。这样，对中尾君有好处，对少东家也有好处，可对老板您更有好处，不是吗？”

经过三方协商，问题圆满解决。

1927 年 1 月 10 日，中尾哲二郎终于又回到松下电器。这一天，也正是电热部成立的日子。中尾被委任为电热部产品开发及生产的负责人。负责经营及销售的是武久逸郎。武久也是松下幸之助视为人才邀请来松下电器工作的。

武久是松下幸之助的朋友，他的人生经历跟松下幸之助相仿。他从小在米店做学徒，经过多年磨炼后，独立门户，在大开路开了一家小小的米店。

因行当不同，加之松下幸之助从不过问柴米油盐之类的家务事，两家相隔不远，相识却很晚。待后来松下幸之助出任区卫生检查员时，武久也是卫生检查员。交谈之下才知两人的人生经历相仿，他们学徒的时间相近，年龄也差不多，独立做生意的时间也差不多，同住一条街，同是街区选出来的卫生检查员。

两人一见如故，谈话很投机，成为至交密友。

武久跟松下幸之助一样，被街区的人视为成功人士，他做了 5 年生意，已拥有 5 万元的积累。武久身强体健，生性好动，不满足只做零售米店的小老板。这种不安分的天性，跟松下幸之助很相似。求变，才有可能发展，可如何发展，武久则感到迷茫。

武久找松下幸之助商量，说他有 5 万元资金，打算开一家批发米店，不知是否可行。

松下幸之助的父亲是做粮食投机生意而破产的，他觉得武久做米的批发生意，多少带有投机的成分，所以不太赞成。

武久又提出办一家出租车行，自己出资买车，雇司机来开，是一个极时髦又风光的行当。那时汽车保险业务还未展开，汽车及行人的安全，全捏在司机的方向盘上，风险颇大，对此，松下幸之助请武久三思而行。

两人聚在一起，既讨论武久的发展，又谈论松下电器的发展，松下电器的发展是有目共睹的，几乎一年上一个台阶，加之是时髦行业，武久的兴趣渐渐转到松下电器上来。

武久艳羡地说道："我要能进入你这行当就好了，用不着为如何发展大伤脑筋，我会撒手放胆地去干。"

当时电器界已开发出电熨斗、电炉等电热产品，受到市场欢迎，发展前景看好。

于是松下幸之助说："你不是常说要进入电器行业吗？如果决心已定，你可参与我即将成立的电热部。电热部名义上属于松下电器的产业，但你私底下可出一部分资金参股，共同经营，共同得利。技术方面你不用操心，我们有一位十分可靠又能干的工程师中尾哲二郎，已经谈妥请他来担任电热部产品开发制造的负责人。"

武久跃跃欲试，立即答应加盟。

松下幸之助说："既然你矢心不二，我们就这样谈妥了。我们是老朋友，我信服你的为人与才干，你就担任电热部经理，全盘负责，遇事多跟中尾君商量。我有老行当配线器具，还有电池车灯。电热部的具体事务，我就不插手了。"

自松下电器创业以来，所有的负责人都是从基层干起，一步步往上爬的。中尾提升虽快，却是经历过严峻考验的。武久一步登天，可见松下幸之助对他的器重与厚望，松下幸之助是把他当作成熟且成功的经营人才看待的。

1927年1月10日，武久走马上任，辅佐他的是怪才中尾哲二郎。

中尾推出的第一个电热样品是“超级电熨斗”。

松下幸之助对中尾苦心研制的样品十分满意。松下幸之助本身就是发明家，他以行家的眼光百般挑剔，最后只说了一个字：“行!”可见中尾的设计，已是无懈可击。剩下的问题是生产销售。

市面上有名气的电熨斗，有东京的MI牌、大阪的NI牌、京都的OI牌等。松下的超级电熨斗属后来者。

问题是电熨斗的市场潜力已不大，据市场估测，全国的年销量还不到10万个，除了上述三大生产厂家，还有众多的小厂出品；另外，西方工业国家也纷纷将电熨斗打入日本市场。这样，每家制造厂的年产量是很有限的。至于价格，通常由三大厂家来定，它们均吃不饱，因此价格定得很高。

松下电器要想后来者居上，只能走“品质比别人优良，价格比别人低廉”的路线。中尾的样品，是在别人的基础上改良的，自然胜人一筹。价格要低廉，最可行的办法是大批量生产，数量多，成本才能摊薄。可产出多了，市场消化得了吗?

松下已有炮弹电池灯的销售经验。因价廉，使得电池灯由奢侈品降为大众品，买的人多，产量自然就大。目前，电熨斗只是富有家庭才使用，若价廉，就会进入平民百姓家庭，这是个巨大的潜在市场!

松下幸之助定下总方针：“价格一定要比别家的便宜3成以上。品质一定要比别家好。产量不必担心，如果月产1万个才能便宜3成，就生产1万个；如果非得月产1.5万个，就放胆生产1.5万个。”

中尾经过核算，只需月产1万个就能降价3成。当时全日本的年需求量不到10万个，松下电器一家的年产就要超出10万个，这需要冒很大的风险，在别人看来，这无疑是发疯。只有松下幸之助才有这份聪明，这等气魄!

超级电熨斗与方形电池车灯同时问世，也被冠以“乐声牌”，批发给代理商的价格是1.8元一个，零售价是3.2元。

1927年4月，“乐声牌”电池车灯与电熨斗双双推向市场，石破天惊！

销售结果：方形电池车灯月销3万个，电池月销10万个；电熨斗月销1万个。方形车灯无人竞争。“乐声牌”电熨斗从同类产品中脱颖而出，一枝独秀，雄霸市场。

经济史学家评论：

松下幸之助开发电熨斗的贡献在于，他自觉地成功实现了奢侈产品大众化，从而使更多的大众消费者受益。毋庸置疑，松下电器的电热部是盈利很大的部门——同行业的电熨斗制造商是这么认为的，负责人武久和中尾是这么认为的，松下电器的员工是这么认为的，松下幸之助本人同样是这么认为的！

松下幸之助只制定经营策略，具体事务由武久与中尾负责。

中尾是沉迷专业的实干家，抛头露面的事全由武久来做。武久在松下电器的声誉日隆，有人说：武久君是继老板之后的又一经营全才。松下幸之助自己也认为武久人才难得。

定期结算，却发现亏损。财务认为是计算错误，再认真核算一遍，确确实实亏损了！损益报表交到松下幸之助手里，松下幸之助第一反应是：这怎么会呢？武久也不相信，但确确实实亏损了啊！

松下幸之助最先反省，错在哪里呢？是当初计划太草率？是定价不合理？是生产成本偏高？是日常消耗过大？

最后松下幸之助确定问题的症结在于：经营策略没错，但在执行中发生偏差，漏洞颇多，武久要负主要责任。武久整天只会发愣，始终解不开这个疑团。

怎么亏损了呢？松下幸之助要武久对管理进行回顾反思，武久不知所云，一脸茫然。做错而不知错在哪里，这是很令人担忧的。

松下幸之助深刻检讨自己的用人之道：过高地估计了武久的经营才能。

俗话说：隔行如隔山。武久是开米店的，他对电器行业完全是外行，两者的复杂程度，绝不可同日而语。就算武久是可塑之才，也该让他做下手，熟悉过程。可自己一下子就委以武久全盘负责的重任，不是草率冒失，就是幼稚无知！

松下幸之助经过痛苦反省，拟定拯救措施：

电热部不宜共同经营，今后由松下幸之助直接管理；经营态度非彻底认真不可。

松下幸之助把武久请到他的寓所，心平气和地说道："武久君，电热部亏损，主要责任是我，不该把经营的主要责任交给外行的你，这是电热部亏损的根本原因。按理，电热部是新开发部门，我应该投入全部精力，可我却没做到这点。

"你我是朋友，有些话我也就不妨直说，你是做了努力的，但你不适宜从事制造业。我想跟你商量，过去了的事，就不要再去想它，电热部由我来一手接办，亏损的部分全部由我担下。你还是回去经营米店，你是这方面的行家里手，一定会兴旺发达的。不知你意见如何？"

武久激动地说道："蒙你抬举，我有机会参与经营，却弄成了亏损，我内心很沉重，也很抱歉，我愿意退出经营。可是，我总舍不得与你的事业分离，再说就这么回去，我在社会上很没面子。"

两人久久地沉默。松下幸之助又说道："电器确实是很有希望的行业，你不满足于经营米店，所以我才成全你的心愿。可是，我看到电热部的经营才感觉到，光凭心愿来经营事业是不行的。我们虽不共同经营，可我们的友情仍在。武久君，你如果真对松下电器有着难舍的情感，我是很高兴的，那么你就做松下电器的职员怎样？你已经是一位成功的米行商人，叫你做职员，实在是委屈了你。可是，松下电器的员工，都是从头做起的，我别无他法。请你三思而作决断吧！"

第二天凌晨，天还没亮，街寂人静。武久披着衣裳，急匆匆跑到松下幸之助家。

松下幸之助正在睡梦中，听到敲门声，心想是谁呢？松下幸之助有失眠症，好不容易睡着，最烦别人吵醒。

那人继续敲，松下幸之助不由自主地站起来叫道："是武久君吗？"赶忙跑去开门，果然是武久。

武久急切道："昨天谈的事，我一整夜没睡，终于下了决心，来松下电器做职员，所以赶快跑来把决定告诉你，请多多指教。"

松下幸之助看着武久的眼睛，红红的，真的一夜没睡。武久是做了多年老板的人，下这样的决心，可真不容易。

松下幸之助紧紧地握住武久的手："欢迎你，武久君，你真了不起！我失去了共同经营的伙伴，可我却得到了值得信赖的职员！"

松下幸之助以真情感召了武久，武久终于屈尊以普通职员的身份再次进入松下电器。考虑到他做买卖的专长，松下幸之助派他到营业部。武久在那里干得不错，慢慢地升为营业部部长。

武久的故事，彰显了松下幸之助的用人之道。

# 加快发展步伐

名刀是由名匠不断锻炼而成的，同样的，人才的培养，也要经过千锤百炼。

——松下幸之助

# 独家经营创新电器

1925年至1926年，松下电器经营还是很顺利。不论是做生意或经营工厂，有了自信以后，自然会产生身为企业家的理想和人生观。

松下幸之助不禁开始问自己现在执行的经营方针是否适当，有没有更好的经营方针？员工的从业精神是否适当？此外，跟经销店的交易条件和售价决定等，也要作进一步的检讨。

满足于现状，松下幸之助觉得是不妥当的。

松下幸之助在以上各项目中，发现了许多缺点。其中有一项是：电池灯的销售权虽然卖给了山本商店，但对他们的销售方法，松下幸之助一直很有意见。

这么一来，问题就产生了。山本认为，松下幸之助只要专心制造产品即可，销售权已经由山本买下了，销售方针当然是由山本来决定。

松下幸之助向山本提供建议，对自信心强烈又很会做生意的山本不但不受欢迎，反而会引起他的愤慨。

松下电器与山本商店之间的交易额已达到每月5万元之多，可以说是互利互惠，共享利润。可是销售的方针双方却意见相左，常常辩论。

由于都能保持绅士风度，站在顾虑对方利益的观点辩论，所以没有伤过感情。可是，问题并不是到此为止。

日子越久，提出的意见越多，松下幸之助就越相信自己的看法是对的。现在，松下幸之助决定把这个意见具体地说出来：起初双方都认为，电池灯只不过一时流行罢了。但经过了两年之后，观察它的需要情况以及实用性，可以断定这不是一时流行的商品，而是具有实用价值的永久性商品。

因此，松下幸之助认为他们不能因为现在仍然很畅销就安心，目前畅销是因为没有竞争品，既然是永久性的东西，就得有长久之计。也就是，定价要降低，产品也要改良才行。

可是山本却认为："本来，这个电池灯不是寿命很长的商品。就算有永久性，也不该由商人来决定。松下电器是制造商，当然会以为那是永久产品，从生意角度上来看，从自己付出权利金3万元的观点来看，应该是依照三五年之间能够收支平衡为目标，才是正规的做法。因此，定价的高低或交易的条件，也要以此为基准。如果真如你所说，这种东西可以畅销一二十年，我是不能赞成的。"

如果从商人的角度出发，松下幸之助认为山本的做法无可非议，但他还是和山本在一边激辩、一边合作的状态下，继续做他们的交易。

在买回电池灯的销售权问题上，松下幸之助和山本的意见对立，一直僵持着，他俩都以为自己的看法正确，双方均没有意气用事。松下幸之助认为会产生不同见解的根本原因，在于各自经营的方式相异，也就是做生意的观点不一样，所以谁也无法说服谁。

于是他想：现在的交易，只好顺着山本的意向去做，但松下幸之助仍然相信自己的方针是对的。

当时，正有一个设计中的角形灯。事先讲好交给山本销售，既然意见分歧，松下幸之助认为还是由自己销售比较好。松下幸之助把自己的意见告诉山本，请求他的谅解。强硬的山本怎么也不肯答应。他说在合同 3 年期间内，他不答应松下幸之助自己销售。

山本回答说：“不论如何，不限于电器企业，你要销售任何一部分，我都要绝对反对。合同满期以后要怎么卖，那是你的自由。在目前，不论如何，我不同意。”

山本怎么也不肯让步。

松下幸之助感到很为难，也很佩服山本的坚强意志。他继续说：“合同满期之后，我们当然可以自由销售，我松下幸之助绝不是那种不顾情面的人。不论合同如何，我仍然希望我们能够继续合作下去，只限定在电器企业方面，我想利用角形灯把松下电器的方针实践看看，特别请你同意。”

“你花了那么多天的工夫想要说服我，我可以同意，但是，你要提出付补偿款。”

“多少补偿款呢？”

“1 万元现金。”

这真把松下幸之助吓了一跳。角形灯仍在试用阶段，前途仍是未知数。尤其是在炮弹形灯全盛的当时，更不大可能会畅销。再说，能不能有销路，还是一个未知数，1 万元的补偿款，跟电池灯的销售权 3 万元比较起来，实在是故意出难题。

像这样旁若无人、下大赌注的作风是山本伟大的地方，也是他的本事。一般人的想法是，包销炮弹形灯已经赚了不少的钱，新型灯是松下幸之助自己设计的，自行车灯方面继续包给山本，只有电器界让松下电器直接销售，这样一定是可以接受的。

可是山本却绝对不那么想。他的意思是，如果想直接销售的话，何必仅限于小小的电器界，大大方方地在全国销售不是更好吗？不过，那得付 1 万元的补偿款。如果不愿意，就别多说话，乖乖地等到合同满期吧！

山本一旦说出口就不肯更改。所以，松下幸之助只有在付1万元的补偿款、等合同满期和中止合同三者择一而行。中止合同，松下幸之助觉得可惜。等到期满，这是合理合法，没有什么问题的。只是，在情谊上松下幸之助不喜欢那样做。

那么，炮弹形灯照旧给山本销售权，松下电器要卖角形灯，就只好付1万元补偿款给他了。当时的1万元是相当大的数目，尤其这项新产品刚设计好，是好是坏谁也说不准。

可是，松下幸之助跟山本的交易又要继续，为了这两个目的，松下幸之助愿意付1万元补偿款，他跟山本说："好吧，依照你的话，我愿意付1万元补偿款。"

山本对松下幸之助的决定，感到很意外："松下幸之助君，你是说真的吗？是现金1万元啊！"

"不错，我答应了。"

终于决定由松下幸之助销售角形灯，也就是现在的"国际灯"。

角形灯一经上市，松下幸之助希望自己的新产品能成为国民的必需品。

花了1万元代价才拿回来销售的东西，松下幸之助当然非拼命不可。他开始动脑筋，如何宣传才能传达到每一个角落。事前他先检验新灯是否实用，结果令他非常满意。

他下了决心说："好，既然是十分实用，我就彻底地加强宣传。"方案是，把1万个角形灯免费提供给市场。当时的售价是一个1.25元。松下幸之助要把1万个角形灯免费散发在市场，可见下了多么大的决心。松下电器后来规模更大，却再也不敢冒这么大的险。

当时，角形灯号称由松下电器制造，其实松下电器只做灯箱而已；消耗品的电池，松下电器并没有，都是由冈田干电池工厂制造的。冈田干电池工厂是松下电器制造炮弹形电池灯以来的老主顾。

既然要散发 1 万个灯，就得附上电池。松下幸之助打算叫冈田干电池免费提供电池。方针既定，松下幸之助立刻到东京去，找冈田交涉。

松下幸之助把角形灯拿给冈田看，然后对他说："我要在上面冠上'国际'之名，大大地推销，最初的宣传方法是要免费赠送 1 万个，我希望你能够免费提供 1 万个电池。"

爱喝酒的冈田，以酒代替晚餐，边喝边听，他看看松下幸之助不说话。

他太太从旁边插嘴说："松下幸之助先生，我们听不懂，能不能请你再说一遍？"

松下幸之助只好再说一遍："为了宣传，要把 1 万个新灯免费赠送，请你免费送给我 1 万个电池，一起散发。"

"呵！免费吗？1 万个？"冈田感到惊讶、意外。

这也难怪，松下幸之助的计划是破天荒的。

冈田又说："松下幸之助先生，那不是太过分了吗？"

松下幸之助告诉他："冈田先生，你吃惊是必然的。可是，我现在十分有把握，所以敢这么做。但我不会向你白要，我们可附带条件。现在是 4 月，我保证在年底以前卖出 20 万个。到时候，请你赠送 1 万个给我。如果卖不到 20 万个，你就一个也不给。我有信心，所以我敢先向你要免费的 1 万个。怎么样？"

冈田夫妇都笑着说："松下幸之助先生，你真了不起！我做生意 15 年来，从没有人来这样跟我谈生意。好吧，今年之内销售 20 万个的话，就赠送 1 万个给你。"

"谢谢，我这就回去按计划进行。"

这个销售计划，冈田不但十分了解，他还十分赞成。从此以后，冈田对松下幸之助就有了特别的好感。

松下幸之助按照计划，很大方地免费赠送。可是怎么送他也送不完，1 万个的数目并不少。一个 1.25 元的东西，没有人敢开口要两三个。就是有人开口，松下幸之助也不会给，每家只能给一个。样品送到 1000 个左右的时候，已经接二连三地有人来找松下幸之助订购了。

松下幸之助只好把样品当作商品寄给他们，短期内就获得了市场认可。至那一年的 12 月，松下幸之助远远超过预计销售的 20 万个，而销售了 47 万个。

冈田感到很意外。从来不曾出门拜访顾客的冈田，在 1 月 2 日特地到大阪来，穿着礼服，带着感谢状和 1 万个电池的货来向松下幸之助拜年。

他说："我真的吓了一跳，做梦也没有想到电池能卖出这么多。我过去 15 年间，看过各种人做各种计划，多半都失败。你来谈计划的时候，我心里也很担心，我想大概不会成功吧，真没有想到，你能销售这么多，这真是我国电池界的空前纪录！"

他那感激的口气，使松下幸之助觉得比领到 1 万个电池还要高兴百倍呢！

过了 15 年后，干电池的销售量每月增加了 30 万个。这数目是当时无法想象的。松下幸之助觉得不能把这个庞大的数目拿给冈田看，是一件很遗憾的事。

电热部门的国际灯就这样销售出去了。

1928 年，销售量更是增加，干电池的生产却始终跟不上，松下幸之助为了替冈田干电池加油，也花了很多力气。

松下电器十分了解电池灯的实用性，所以能预测来年的增产量。跟市场没有直接接触的冈田，还以为电池灯是一时流行的东西，不敢扩大工厂设备，所以产量一直不够。

1927 年至 1928 年期间，松下幸之助夜以继日地为冈田干电池打气。结果是，电池灯的销路显著地增加，至 1928 年年末，月销电池灯增加了 3 万个、电池增加了 1 万个。全国各地都爱用国际灯，至此，国际灯第一阶段的发售计划，可以说已经有了成果。

从 1927 年开始，电热器也慢慢走上轨道，电熨斗、电炉等有特色的产品，渐渐地被业界所认识。配线器具部也很顺利地增加生产。花区福岛设置第三工厂。在 1927 年年底，各部的销售金额约 1 万元，员工约 300 人，不但为业界所知，也为大众所瞩目。

# 信誉获得银行支持

1927年银行发生恐慌，松下电器的经营也受到很大影响。当时松下电器业务交往的银行只有十五银行一家，承担大部分的贷款或贴现期票等业务。

发生恐慌的当时，松下电器收受贴现期票的金额有七八万元，定期存款有35000多元，加上一个月的销售总金额和采购金额各1万元左右。

由于松幸之助下与山本商店的交易，依照合同，是期票交易，所以，七八万元的贴现期票，大部分是山本商店的。山本商店一向严守十五银行的一行主义，双方的交易都以十五银行为中心，顺畅地进行。

恐慌从两三家银行挤兑为起点，银行不稳和财界动摇的气氛，越来越浓。有名的铃木商店倒闭、川崎造船所经营困难等，新闻报道都是坏消息。

4月18日，大阪有名的近江银行，终于宣布停止兑现而关闭。因此，一般存款人都脸色变青。这么一来，不只是大阪，全国的银行都开始挤兑，几乎没有一家例外。

4月20日，更加速扩大挤兑骚动。

政府和金融业者都到了穷途末路。存款人在那儿徘徊，不知如何是好。然而，资本金有1亿元、名列五大银行之一的十五银行也宣布停止兑现，真是令人无法相信的事。

消息灵通人士却在很早就告诉松下幸之助：“十五银行危险。”

当时松下幸之助听了之后还半信半疑，十五银行分行经理以及两三个行员，都是很熟悉的好朋友，实在不好意思把存款都取出来。在三心二意的观望下，拖到21日早上，松下幸之助打开报纸一看，头号大字的标题：十五银行停止兑现。

“啊!”松下幸之助叫了一声，接着又想：“到底还是不行啊!”好了，十五银行关门了，不只是松下电器，就是山本商店也一样吧，只好去跟山本商店商量对策。

这一天的报纸，全部报道十五银行关闭和金融界吃紧的消息。

十五银行关闭之后，人们的恐慌达到顶点，挤兑骚动更加激烈。事到如今实在是无法可想，谁都没有精神做事。

政府伤透了脑筋，至22日才发布《延期偿付》的紧急令。

这才使得银行业者和一般财界暂时松了一口气。到底是一件天大的事，到处都发生了悲剧。其中最悲惨的是，有人因为命根钱领不到而自杀，也有人发疯了。其他还有事业的挫折、倒闭等。不景气状态当然越来越严重。

而松下幸之助却认为，这是神对“欧战期间，不自然而胡乱膨胀的经济界”的惩罚。

在这期间，松下电器一面要想办法对付十五银行的停止兑现，一面要想办法开拓新的金融渠道。最糟糕的是，十五银行的贴现期票，转交给日本银行作为抵押，日本银行向山本商店催缴，也向背书者松下电器催钱。

松下电器不能向银行借贷，自己的存款也取不出来。贴现期票的支付责任要负担。不但得想办法寻找新资金，连不必支付的贴现期票债务也非处理不可，真是伤透了脑筋。

与松下电器来往最频繁的十五银行关闭了，作为备用的六十五银行也关闭了，松下电器不得不找一家新的银行了。

非常幸运的是，松下电器和住友银行西野田分行，刚在两个月以前签订了贷款合同。这个合同让松下幸之助终生难忘。自从西野田分行营业以后，他们常常来向松下幸之助拉存款。

松下幸之助跟十五银行交情很深，没有认真考虑。西野田分行过了一年，仍然很有耐心地来拉存款。松下幸之助很佩服他们的耐性，有一次跟行员好好地谈了话。那个行员叫伊藤，时间是1926年的年尾。

“伊藤先生，你真有耐性。来的这么频繁，我真不好意思。你那么热心地劝诱，我说实在话，我们和十五银行有很深的交情，不但是为我们自己方便，就是我们的最大客户山本商店，也是十五银行最忠实的顾客，他一向遵守一行主义，为了交易上的方便，不得不以十五银行作为我们中间人兼服务站。

“现在要我跟其他银行交易，在人情上或实际上都有困难。住友银行是一家有威信的银行，你每次来我每次都拒绝，看到你来我非常不安，可是我无能为力。今后，请你不要再来，请多多原谅吧！让你再白跑，实在是过意不去。”

伊藤却回答说：“今天您把真心话说出来，我非常感激。您的立场的确是如此。据我看来，或根据我们的调查，我们相信，我行将来会更有发展的。目前也许十五银行已经够用，将来您的公司越做越大，再加上种种的需要，就得再增加其他银行才方便业务的开展，这是由我们的经验可以断定的。

“刚才仔细听了您的话，我越相信，为了住友银行，也为了松下电器的发展，我应该劝您开始和住友银行交易才对。我今天来拜访是第八次，劝您跟住友银行交易是我的责任。今天您很忙，所以，不多打扰了，我一定要以我的热心和诚意，继续努力。请您再考虑。”

“不行，不行，你那么热心，我很佩服。可是情况不允许，没办法就是没办法。跟你交易会刺激十五银行，我是不得已才拒绝，请你以后别再来，不过，你以私人的身份来玩，我是很欢迎的。”

“那么，我会改天再来。”

过不了多久，伊藤又来了。他一再地央求松下幸之助赶快和他交易。这很奇怪，一旦与他坦诚地讲过一次话以后，就会对他产生亲切感，再加上他来过近10次，松下幸之助被打动了，这就是自然的人情吧！

松下幸之助开始想，住友银行是大阪唯一的本地银行，如果松下电器跟他交易，信用会更增加，绝对不会减少。

另外，松下电器虽然以十五银行为主，可是跟六十五银行也有交易，所以并不是严守一行主义。如果条件好的话，跟住友银行开始交易也好。真是厉害，松下幸之助终于被说服了。

“伊藤，我输了，只好向你投降。不过，要交易，我有条件，你能答应吗，答应的话，我也愿意开始跟你们交易。”

“您有什么要求？请说说看，我能做到的一定尽量想办法。”

“2万元以内的金额，你们能不能随时借给我周转？没有这种便利的话，跟你们交易就没什么用处。没有特别的条件，我还是照旧跟老银行来往比较好。”

“住友银行一向的原则是：一旦信任谁，就会尽全力帮助谁。我相信必定能够令您满意。但是，要借钱之前，必须先有存款实绩，所以请您赶快交易。”

“伊藤，那可不成，要开始交易没有问题。问题是，开始之前能不能先借我2万元。可以的话，今天就开始。”

这么一来，伊藤怎么也不肯答应。他说：“这样的条件，我们很为难。”

“可能很为难。但是，你们看得起我，要来劝诱我，应该有这种度量才行。”松下幸之助也难得拿定了主意，“你不用急，回去跟分行经理商量商量，只要你们能答应，我们就开始交易。今天你就回去商量吧！”

伊藤好像很头痛似的，讲了一些银行的交易原则之后回去了。过了四五天，他又来了。说：“松下幸之助先生，我跟经理商量好了。经理说，松下幸之助先生的意思他很明白，请赶快交易。贷款的事，一定不会让您失望的，不过，您先交易三四个月，到时候一定实现。”

“伊藤，那是不行的。经理的意见，不是跟你那天讲的一样吗？这样的方式要答应的话，上次我就答应了。何必再听经理重复一遍呢？先交易三四个月看看，然后再通融，这对我来说没有一点用处，我认为不必要。你相信我才来找我的，为什么不能先贷款呢？”

“松下幸之助先生，你的话很有道理。只是，住友银行对无论多么有信用的商行，从没有先贷款后交易的先例。只要先交易，请您相信我，我们会尽快使您满意。”

伊藤再三地反复说同样的话。于是松下幸之助说：“伊藤，那样我是不心服的。既然讲信用，交易前贷款和交易后贷款我认为是一样的。你们不肯接受我的条件，我认为还是不能信赖我。我不急，请你们作一次彻底的调查。我也愿意说实话，如果你们认为可以，就请让我约定贷款，发现不妥当，你们可以不贷，我不会提出异议，这一点请放心。你再回去跟经理商量吧，如果有必要，我可以直接跟经理谈一谈。”

松下幸之助的想法是，不论是多么大的银行，交易必定有信用才能成立。事前调查可以了解可信度。在这范围以内约定贷款，为什么不行呢？就连自己这个小小的松下电器，只要自己认为没问题，都敢一开始就借出5000元或1万元。

为什么住友银行不能约定贷款呢，松下幸之助认为，不肯约定就等于不信任。果真是这样的话，又何必交易呢？如果经理来了，松下幸之助就把这个道理说给他听听。

后来，可能伊藤把这个问题向经理说得很明白，当时的竹田经理打电话找松下幸之助，要跟松下幸之助当面谈，于是松下幸之助第一次到银行去。见面相谈之后，松下幸之助发现，竹田经理是一位很有见识的人。他说松下幸之助的意见他完全明白了。

“这是完全没有前例的事，不能由我一个人决定，我认为您的话有道理，所以，我要跟本行商量，然后再跟你们约定。不过，在这以前，依照您的意见，我们要先作一次调查。”

松下幸之助听了，觉得这才像话，立刻回答道：“我乐意接受调查，我会尽量说实话。”这样才进入了具体的交易。

松下幸之助告辞时，竹田经理说：“松下幸之助先生，我很佩服您的一套道理。我在银行服务了很久，从没有遇到未交易先贷款的客户。我会尽力而为。”

听了这句话，松下幸之助心里感到很得意。同时也觉得，住友银行的作风虽然踏实，却也有人情味。心里想，如果这个条件他们不肯答应的话，以后也不必跟他们交易了。经过调查，加上分行经理奔走，终于空前破例地约定松下幸之助随时可以贷款 2000 元。

就这样，住友银行开始了跟松下电器的来往。交易开始两个月后，发生银行恐慌。虽然有约在先，松下电器仍没有向住友借钱。一方面，松下幸之助以为住友银行在这一段时期一定也有困难；另一方面，松下电器还过得去。

直至十五银行关闭之后，金融渠道断绝了，但为了慎重起见，松下幸之助先打电话问住友银行，是不是可以按照约定贷款。

住友银行回答说：“目前并没有发生非变更约定不可的情况。因此，依照约定请随时来贷款。”

松下幸之助听了很高兴，也感到很羞愧。松下幸之助原以为住友银行在这个困难时期，一定不会履行诺言的。

可是人家说到做到，毫不背信。这个约定，可算是松下幸之助的好运气，终于救了他，这也是他终生难忘的大事之一。

那次以后，松下幸之助和住友银行的交易越来越多，他也坚守一行主义。一方面是依赖住友银行的支持之处甚大，一方面也表示他对当初分行经理竹田的感激。

# 在经济萧条中崛起

至1929年，松下电器已经拥有3处工厂，全体员工已增加至300多人，而且还在继续成长中。

这时松下幸之助开始建设一个营业所和一个大工厂。

1930年5月，建筑工程完工，同时完成迁入，从此进入了松下电器第二个阶段的活跃期，在业界开拓了切实稳固的地位。

突破空前的不景气，新的工厂建好之后，松下电器继续扬帆前进。1929年、1930年是全世界最不景气的时候，松下电器的发展却更为业界所瞩目。可是，就在这一年的7月，滨口内阁成立的同时，政府采取了紧缩政策。

到了财政部长计划“黄金解禁”的时候，财经界一天比一天萎缩，不景气的征候更加明显了。

11月，大家所恐惧的黄金解禁终于公布。这虽然是预料中的事情，还是引起了财经界激烈的混乱。不但物价下跌，而且销售量也显著地减退。报纸每天都报道各工厂缩小或关闭的消息，还有员工减薪及解雇，产生了很多劳资纠纷。财经界的不稳定，带来了社会不安定，情况越来越严重。

刚好这段时期，松下幸之助躺在病床上。

11月至12月，不景气状况更加恶化。松下电器也和其他产品一样，销售额剧减。至12月底，仓库里已经堆满了滞销品。更糟的是工厂创建不久，资金短缺，更感觉困难倍加。若情况持续下去，不久之后，只有倒闭了。

为了要应付销售额减少一半的危险，生产量也只好随着减少一半，同时员工也要减少一半。就在这个紧要关头，身为老板的松下幸之助却又偏偏躺在病床上。

主治大夫交代从12月20日起，要他到西宫去养病。替他看管工厂的井植和武久两位，花了很多心思去思考如何善后。他们商定为了打开目前的窘困状态，只好先裁减一半的员工。

当松下幸之助听到这个结论时，说也奇怪，精神突然振奋起来，想到了一个好主意。

松下幸之助告诉他们："生产额立刻减半，但员工一个也不许解雇。工厂勤务时间减为半天，但员工的薪资全额给付，不减薪。不过，员工们得全力销售库存品。用这个方法，先渡过难关，静候时局转变。照这种方法行事，我们也可因而获得资金，免于倒闭。至于半天工资的损失是个小问题。如何使员工们有'工厂为家'观念，才是最重要的。所以任何员工都必须照旧雇用，不得解雇一个。"

听了松下幸之助的话以后，井植和武久很高兴地向松下幸之助表示："我们一定将你的意思，传达给员工，并且遵照您的意思行事。请您安心养病，无须挂虑。"

他们回去之后，便集合全体员工，将松下幸之助的意思传达下去，并表示将按松下幸之助既定的计划做事。员工听后欣然表示，愿尽全力销售公司库存。

令人吃了一惊的是，公司所生产的产品，由于员工的倾力推销，不但没有滞销，反倒造成生产量不够销售的现象，创下公司历年来最大的销售额，解决了公司的危机。

在此期间，松下幸之助在西宫的养病所，每天听取经营状况的简报。一方面，想到员工们努力将库存品销售出去的情景，感到欣慰极了；另一方面，他也对于自己判断的正确，感到相当满意。

养病所附近有弘法大师从唐代中国带回来的"试运石"……他把自己的愿望向神明说清楚，然后试着抬起。说也奇怪，平时最没有力气的松下幸之助，这时却发生了不可思议的奇迹，竟轻松地将石头抬起来了。松下幸之助虽然不迷信，但他愿意将自己能够抬起“试运石”看作是吉兆。

1930 年的不景气，丝毫没有影响松下幸之助，反叫躺在疗养所遥控指挥的他能够有机会创建松下电器第五、第六个工厂。同年 7 月病愈后，松下幸之助回到公司上班。

首先，他到从未见过的第五、第六新工厂巡视。当他看到每一个员工，上上下下非常有干劲地工作，欣慰、感激之情油然而生。这种交错复杂的情感，实在不是三言两语所能形容的。松下电器的“指导信念”，确立于每个员工的心中。

不景气中的松下电器依上述的方针，不但很漂亮地突破经济不景气，更继续不断向前迈进，经营业绩蒸蒸日上。然而，一般的社会人士，却随滨口内阁的紧缩政策，而停止了脚步，以致经济越来越萧条、困窘情况越来越糟糕。

政府各机关都把汽车停用，以身作则，为民表率，劝导社会大众配合政府的紧缩政策，一切节约，共渡难关。

可是，大企业、工商大财团跟随政府实行紧缩政策，不但不能解决经济不景气的危机，反倒造成经济萧条，收支越来越不平衡，也促使失业率增高，导致社会的不稳定。

大家都不建房子，木匠就没有工作做，只好游手好闲过日子，成为政府紧缩政策下的牺牲品。由于政府的紧缩政策，造成本来有工作的人失业了，刚从学校毕业的学生也找不到职业。

如此恶性循环，人心便越加惶恐，社会也跟着动荡不安。在松下幸之助看来，政府的紧缩政策才是经济不景气的罪魁祸首。

松下幸之助对这种政策感到很遗憾。他认为萧条景象如果持续下去的话，会让日本的产业无法进展！他认为站在指导地位的人，应在此时刻，分秒必争地为使日本繁荣而卖力才对。

为了要达到繁荣的目的，应该扩大内需。本来走路的地方，要改骑自行车。本来骑自行车的地方，要改开汽车。

如果借此提高活动效率，那么东西用得越多越好，这样才能促进新旧产品的更新循环，工业技术才会更加提升，才能消除不景气，实现繁荣日本的目标，国民才会有朝气、有干劲，国家才会富强。

然而，政府所采取的紧缩政策，却造成相反的结果。这对一向不懂学术理论的松下幸之助，实是一件很让他难以理解的事。当时松下电器采取了相反的方法。否则的话，他自己也会被拖下旋涡里去的。

松下电器并没有自用汽车，当年的8月，有一位汽车推销员找到松下幸之助，劝他买车。说："在此紧缩时代，汽车根本卖不出去。政府机关有3辆汽车，现在要改为两辆。我们本来是推销新车的，现在却变成收购政府的旧车。经济不景气，实在令我们非常头痛。松下幸之助先生，在这种情形下您的生意反倒做得很好，所以请帮帮忙，救救我们，买一辆吧！"

松下幸之助从未想过要买汽车来代步。因为觉得自己的身份还不够。当时在大阪有汽车的公司屈指可数，何况像他这种独资经营的小工厂呢！松下幸之助做梦也没想过要买车子。

可是此刻，他却突然心血来潮，想要买车。外国人苦心研究、制造了便利的汽车，这么好的文明工具，输入到日本后竟没人使用，他认为是十分可惜的事。

当时美国连员工都有车子，妇女们能冠冕堂皇地开车，早晨公司职员夫妻一起开车上班，先生上班之后，太太开车到市场买菜。汽车如此普及，日本的大官是东奔西走的大人物，却要减少汽车，这不是开倒车吗？

紧缩政策绝不可能带来繁荣。要使国家经济发展，工商企业突飞猛进，一定要"生产再生产，消费再消费"才行。

想到这里，松下幸之助便下定决心要买汽车。在此不景气、东西剩下很多的时代，为什么要紧缩？有能力买东西的人，应该多多买东西。

于是他说："好吧，我买。我一直以为还不够资格坐车，可是现在却认为，在此不景气时期，买汽车是对的。但是，我还穷，请您以最低价格卖给我。"

结果，对方也很干脆地说："定价15000元的大型汽车，打对折卖给你好了。"

的确是相当的便宜，可是松下幸之助说："在这样不景气的时期，应该再算便宜一点。"

最后松下幸之助以5800元的价格成交。第一次坐上汽车，向来骑自行车的松下幸之助大吃一惊。哇！车子真豪华，坐起来真舒适！他把车子开到阪神公路兜风，突然觉得自己很威风也很伟大。

当时，有一位朋友对他说："松下幸之助君，我最近想要建房子。从去年开始，做了种种设计，也请人家估过价。可是像现在这样不景气的时候，政府以身作则，采取紧缩政策，一般国民也应节约响应才是，我建新房子，怕被人批评，想想暂时不要建算了。"

松下幸之助把自己买汽车的信念告诉他："你的想法不对。在如此不景气的时候，像你这样的资本家，更应该建房子。像你这样的人不建的话，木工和泥水匠靠什么生活呢？他们会埋怨不景气，他们会更穷，以致无法维持生计。

"最后他们会诅咒你们这些有钱人为什么不建房子？你以为在这样的时代建房子会被人批评吗？那些批评者都是不明白事理的人，你大可置之不理。如果你真想为社会做事，就算被批评，也应该有牺牲的精神，泰然自若地接受批评好了。

"你能供给很多人工作的机会，又可建成很便宜的房子，这是一举两得的事情。我就是以这种想法，买了这一部新车。因为不景气，大家都不愿意买车，价格特别便宜。并且，由于不断使用，节省时间，到处去做生意，工作效率提高了好多。便宜的价格、高速的工作效率，证明我的判断没有错误，我很高兴我买了这辆车子。”

那个朋友听了松下幸之助的话，大为心动，决定不管别人的批评，一定要建房子。

松下幸之助认为，这是有钱人处在不景气时应做的事。

# “国际牌”收音机问世

由于政府的经济紧缩政策，经济不景气越来越严重。

松下电器的业绩则没受到太大影响。产品代理店得到进一步扩大，以至于很多代理店都建议松下电器制造多元化产品。

松下幸之助本来就对收音机很关心，因为自己所使用的收音机常常发生故障。

有一天他想要听广播节目，刚好碰上故障，这样常常出毛病的收音机很让他生气。

就在那时，松下幸之助开始冷静地想：“体积这么大的机器，为什么不能做得更牢固一点呢？收音机常常发生故障，在当时而言是理所当然的。搬运中，也常造成机器损伤，我认为这是不行的。我觉得像收音机这么简单的机器，不应该那么容易出毛病。如果在松下电器制造的话，行不行呢？”

于是松下幸之助开始叫店员去调查收音机的市场状态。

调查的报告如下：

一、收音机是常常发生故障的机器，没有专门技术，就没有办法做收音机的生意。

二、就算开始销售收音机，售后服务也很麻烦。所以在零售店里，非卖很高的价格不可。竞争相当激烈，要高价卖出是不容易的。这种生意不好做。

三、有些电器企业，因为收音机常常发生故障而被顾客骂，没有信用。后来零售店就干脆不卖收音机了。

四、批发商本来以为收音机利润相当高。实际上，令人失望的是，退还的商品很多，反而非常麻烦。如果故障不那么多的话，收音机将是利润很高的商品。

五、各制造商拼命地推出新型产品，一不小心，就会堆积一些卖不出去的过时品。这好像是一场流行货品的战争，没有安全性，是一种容易赚钱，也容易亏本的生意。

六、收音机是时代的宠儿，所以是非常具有发展性的。不过，非减少故障不可，如果松下电器能制造故障少的收音机，代理店都很愿意经销。

看了这个报告以后，松下幸之助一方面接受代理商的建议，一方面对自己收音机的故障懊恼不已，所以下定决心要在松下电器制造，满足代理店的要求，也对业界有所贡献。

于是松下幸之助开始拟订计划。

具体的实施非常困难。无论如何，松下幸之助没有一点制造收音机方面的常识。店员也没有一位具有这方面的专门技术。可是松下电器却想要制造比人家更好的收音机，这不可能在短期之内完成。

松下幸之助后来想到一个折中办法，那就是不由松下电器自己制造，找一家收音机做得最好的制造商，请它在松下电器的指导方针下，改良并制造出更好的收音机来。经过多方面的调查，终于找到一家信用和技术都很好的制造商。

这家制造商的老板叫作 F。F 的产品在市面上是故障最少的。松下幸之助就找他来商量，F 对松下幸之助的作风相当了解，双方很快就达成了协议，也就是把 F 的工厂，以 5 万元的价格收购组成一个股份公司，开始制造新产品。

利用松下电器的销售网，尽全力把产品推销出去。代理店都认为这是渴望已久的，所以非常放心地销售。在宣传方面，松下电器也投入了大额的广告费。

可是，结果是出乎意料的糟糕。因为故障百出，退货不断增加。代理店里有人很愤慨地说：“我们以为松下电器的产品一向都保证质量，结果却糟糕透顶，信用扫地，还要遭到顾客的数落。不但收音机的货款收不到，连其他商品的货款也收不到。我们实在被你害惨了。你到底打算如何赔偿我们呢?”

松下幸之助觉得非常意外。他并不认为这些收音机是最理想的，可是这是在市面上故障率最低的。F 的产品就算有故障，其比例也该比一般产品低才对。

松下幸之助觉得意外是难以避免的。可是，当他看到眼前堆积如山的故障收音机，他无话可讲了。信用扫地是一件很严重的事情，现金的亏损也相当严重。尤其令松下幸之助遗憾的是他们十分有把握地向代理店推荐，代理店也很信赖他们，努力推销他们的产品，最后却是一切努力付诸东流。

松下幸之助感到很难受，可是事到如今，已经无法挽回了。他所能做到的，只有着手去调查原因，作一次全盘的检讨。

从来少有故障的 F 产品，为什么由松下电器销售以后，会发生故障？到底是 F 的制造方法改变了，还是松下电器的销售方法有了缺陷？

调查的结果报告如下：

> F 的制造方法一点也没有改变，技术人员都照旧工作，技术上也没有什么不同的地方。只不过是生产量稍微增多罢了。故障的原因，不可能发生于制造过程中。
>
> F 的经销商和销售方法，向来大多是通过收音机经销店，或者销售收音机为主的电器企业。这些店对收音机，较一般人具有丰富的专业知识。他们知道收音机是很容易发生

故障的，所以要卖出以前，都一个一个加以检验。如果查出了毛病，一定自己先修好，然后才交给顾客。所以退货给收音机工厂的几乎没有。

松下电器的销售网，多半都以电器企业为主，有收音机专门知识的零销店比较少。他们不会像收音机经销店那样，先检验之后，才交给顾客。没有经过检验，从箱子里拿出来，打开开关看看，能使用就以为没有问题，不能使用就是故障品而退回。只要真空管松一点，或是螺丝松了，就不能使用。

事到如今，应该怎么办呢？按F工厂以前所销售的那样，光卖给有技术的收音机经销店，还是重新制造一种不必检验、非常可靠的收音机，通过一般的电器企业去销售？松下电器实在很难作决定。

松下电器反复冷静地思考这个问题。既然要在松下电器制造收音机，就应该制造能让没有技术的电器企业销售的才有意义，否则宁可不制造、不经营，这便是松下幸之助的结论。

于是松下幸之助立刻对F说："今天的失败，不是你的责任。原因是没有经过详细考虑，就把收音机交给缺乏技术的松下电器代理店推销，我也感到惭愧万分。这点我觉得很对不起你。不过，由于这次的经验，我才了解收音机界的实际，反而更觉得责任重大，我的信念更为坚强。

"不管付出多少代价，克服多少困难都要依照当初的方针，制造不会发生故障的收音机。手表这么精细，都不会出问题，比起来像收音机那么大的体积，应该可以再改良，使它成为绝对不会出故障的东西，请你重新设计好不好？我虽然对收音机是外行，可是我觉得现在的收音机尚未脱离玩具阶段。今天的失败，可以造就明天的成功。我们不要气馁，我们应该拿出勇气，向改良迈进，实现我们的理想。"

不过，不知道究竟是松下幸之助的认识不够，还是F的看法有问题，F说事情没有那么简单。

他说："目前的收音机，没有办法做到绝对不出故障的地步，如果大量生产的话，会造成不可收拾的后果。既然松下电器的销售网不适宜经销收音机，不如按照以前那样，委托销售收音机的专卖店卖出去比较安全。"

F一再表示收音机是个很深奥的东西。

松下幸之助却告诉他："F先生，你的想法错了，你一直认为收音机是会出故障，是很深奥的东西，这种先入为主的观念，本身就不对。那等于是对病人说，你的病非常严重，无法治愈。现在你的意思就如同给病人那样的暗示。我们应该相信病是很轻的，很容易治好，要有这种观念才对。

"同样的道理，我们要把收音机当作构造简单的东西，外形很大，里面的零件乱糟糟的。只要把零件整顿一下，就能成为完全无缺点的东西，你自己要有这样的观念，同时要让每一个员工都有这种观念。不要多久，就能制造出理想的收音机了。"

F听了松下幸之助的话，吓了一跳，说："制造收音机如果像你所说的，好像吃速食面那么简单的话，任何制造商都不会那么伤脑筋了。"

他怎么也不明白松下幸之助的意思，不但不明白，甚至认为松下幸之助的头脑有问题。

松下幸之助发现F的脸色有不安的样子。由于退货导致巨大亏损，F常常跑来找他，要求松下幸之助恢复以前的销售方法。但是，松下幸之助的信念却不因此而改变。

双方经过一场和气的研讨之后，由松下幸之助负担全部损失，F回去自己独立经营。今后各依各的方法独立经营。

在这过程中，使松下幸之助感到高兴的是，F和他都能站在对方的立场替对方考虑，没有意气用事，和和气气地达成协议。

现在一切都得从头做起了。制造厂的亏损相当严重，但是比对方还更严重的信用损伤，更转嫁到松下电器来，事到如今，非好好挽回信誉不可。

松下幸之助自力更生，向研究部门发出一项紧急命令，要他们排除万难，设计出合乎理想的收音机。

松下电器研究部门只研究一般电器用品，从来没有研究过收音机。当然也没有研究收音机的专门人才。当时研究部主任是中尾。

中尾接到这道命令后，找到松下幸之助，说："松下电器研究部从来没有研究过收音机。现在突然要我们设计理想的收音机是有点困难。我们愿意试试看，但是需要一段时间。"

松下幸之助把收音机销售经过和现状告诉他，然后说："不能慢慢来。目前工作还在进行，工厂经营已由我们承接下来。跟 F 一起来的技术人员，全部跟 F 一起离去。目前工厂里连一个技术员都没有，尽管你们不愿意，还是得由研究部门承接研究工作。你们都是优秀电器技术人员，收音机和电器不是一样吗？现在不是有很多业余的收音机制造者吗？

"拿零件拼凑组合，也能成为一台性能优良的收音机。你们研究部门有很齐全的设备，市面上到处买得到收音机零件。为什么不能在短期内设计出一台很好的收音机呢？你们有没有绝对能制造得出来的信心是问题关键所在。我相信一定做得到，希望你们努力去试，尽快完成任务。"

中尾听松下幸之助这么一说，不敢表示推辞之意。只好回答说："我会想办法的。"

后来中尾仿佛有了坚强的信心。在短短 3 个月的期间里，完成了与理想相当接近的收音机。

刚好这时候，碰到了日本广播电视台举办组合收音机比赛。松下电器把刚试验完成的产品送出去参加比赛，很荣幸地得到了第一名。这使中尾吓了一跳，松下幸之助也为此感到很惊讶。

很多前辈制造家一同参加比赛，没想到松下电器竟能中了头彩，这让大家都感到非常意外。

但松下幸之助冷静地一想，一点儿也不奇怪，是他和中尾非常认真，发挥了松下电器全体员工的热诚，促使这件事情成功的。事业的负责人，随时要检讨过去，把握重点才能发展。

与其把事情看得很困难不如把事情看得很容易，这样才能够成功。这当然不是叫人轻视困难的一面。但是必须牢记于心的一件事是：把收音机推销出去。

正如俗语所说“船到桥头自然直”，松下电器终于制造出理想的收音机。松下幸之助先拟好大量销售的计划，然后邀请代理商参加他们新产品的展示会。

在席上松下幸之助告诉大家说：“请各位仔细看看，这是我们制造成功的可使各位满意的收音机。在广播电台举办的设计比赛中，得到第一名的荣誉，可以说是目前最理想的收音机。这次保证不会再出任何纰漏，请各位加倍努力销售。”

经销商对松下幸之助的韧性由衷地佩服，表示愿意尽全力推销，松下幸之助把新产品的销售量和价格公布出来。出乎意料的是代理店一齐表示反对，认为松下幸之助订的价格太高。

“松下君，这个价格我们卖不出去。‘国际牌’收音机刚刚步入销售市场，在收音机界尚未得到大家的认可，新卖出的产品一定得比别家便宜一成，你刚才所定的价格比第一流制造商所制造的还要昂贵。”

很多代理店的经理都这样说，因价格太贵而面露难色。

松下幸之助自己也知道刚才所公布的价格的确不便宜。按照松下电器传统的方针，根据成本计算加上合理的利润，如果卖得比别家便宜，将不敷成本。

由于政府的紧缩政策带来业界不景气，收音机界也跟着展开恶性竞争，造成赔本大拍卖，实在不是正当的好方法。松下幸之助认为价格太高或太低，从商业道德来看都是一种罪恶，对业界正当的发展而言，并没有好处。

松下幸之助听了代理店的反对之声后，就把他平常所相信的原则，利用这个机会，向大家阐述："各位，今天所公布的"国际牌"收音机价格的确比别家高。我们来看看一般收音机的情形，那些价格都不是很合理。

"因为受到连续两三年来经济不景气的波及，各制造家都因恶性竞争而陷入乱卖的情形。维持这种价格，怎么能得到健全的发展呢？收音机需求量会越来越多，我们应该以更合理的方法大量生产，使得每个家庭都能买得起。

"同时要把收音机的品质，提高到没有故障的水准，这是我们制造商应负的使命。根据我以往的经验，要制造最理想的收音机，至少要有 100 万元的资金。可是现在我手里并没有，如果有，我打算建立一座理想的工厂，使得生产规模化，制造出物美价廉的收音机。十分可惜的是，我并没有 100 万元，不得不依靠正当的利润储存，借之完成这个心愿。

"请各位想想看，我怎么能够参与恶性大减价的行列呢？各位都是商人，但从来没有考虑到制作成本，你们只要在买与卖之间有一定的利润即可。

"今天我请各位离开批发商的立场，真正站在松下电器代理店来考虑并且支持合理利润的售价，为普及收音机而贡献各位的力量。这样，各位才是真正的松下电器代理店，松下电器也才能继续成长。请各位不要认为价格太贵，为了大家的共存与繁荣，为了业界的坚实发展，请各位务必赞成帮忙。"

松下幸之助非常诚挚地提出见解，希望得到大家的认同。

大家听完了他的话，不再坚持意见。松下电器得到这些代理店的协助以后，“国际牌”收音机就以惊人的速度畅销到全国各地。

松下电器一帆风顺地发展，每月月产量高达3万台，占全国总生产额的30%，高居第一位。“国际牌”收音机享誉全国，价格也比当时其他牌收音机便宜一半。

# 坚持战时经营

非常时期就必须有非常的想法和行动，不应受外界价值观的干扰。

——松下幸之助

# 关注民生创新经营

1931年春天，松下电器举办了春季运动会。以前每年都是到附近的名胜古迹去游览，作为慰劳员工的团体活动。今年却别开生面，以运动会代替。

4月16日，松下电器举办了第一次运动会。热烈竞争的场面吸引了很多观众。当时松下电器已有营业部、第一工厂、第二工厂、第三工厂、第四工厂，于是便按照所属单位分成5组，轮番较量。

4月16日上午8时30分，大家都在大开路二段本店集合，排成整齐的队伍，走到野田阪神前，坐上在那里等候的游览车。第一辆车有乐队，伴奏着音乐，一群人浩浩荡荡朝天王寺出发。

总共25辆游览车，威风十足地从福岛开往中之岛，然后再向南前进。沿途中，过路的人都张大眼睛好奇地注视。游览车的每一个窗口都有人挥舞“国际牌”的旗子，或者是印有松下幸之助标志的旗子。

沿途可以听到人们交谈：“喔，原来是松下电器！”

“那是‘国际牌’电池灯嘛！”

“那是‘国际牌’干电池呀！”

市民们留下了深刻的印象。游览车终于开到天王寺公园。大家下车以后，排队走进运动场。

松下幸之助比大家早一步进去，站在台上，接受入场队伍敬礼。各部队都以分列式进入场内，并停在指定的地点。虽然他们是第一次，步伐却很整齐，场面十分动人。会场的来宾、会员的家族和一般的社会民众，都受到了感动。

入场式完毕，全体运动员各自回到预定的帐篷休息。然后依照节目顺序表演。在竞赛进行中，拉拉队各显神通，使每位观众都看得十分过瘾。

到了下午，一般观众席的位置已经大爆满，形成空前的场面。

最后的化装游行，突然跑出一列大熨斗、大插座、大插头开始走路。又有南洋土著人的舞蹈等千奇百怪的表演，使得观众和会员自己都不由得拍手叫好，声音响遍全场，产生了比预期更大的欢喜和狂热。

最后一起退场，立刻换成制服，排成队伍开始行进。走过主席台前敬礼，绕场一周之后，站在自己的位置，形成闭幕典礼的队形。会场顿时肃静下来，队伍也整齐划一，井然有序，连松下幸之助自己也肃然起敬，而观众们则连连称好。

第一次春季大运动会，收到了比预料中好上几倍的成果，终于圆满结束。松下幸之助和其他会员，都觉得这是一场令人印象深刻的运动会。从此以后，松下电器每年都举办运动会。会员人数增加，训练也随之更加严格，一年比一年规模更大。

松下电器的运动会，竟成为大阪市很有特色的庆典活动。

后来，松下电器把运动会的名称改为“体育大会”。节目内容也以锻炼体魄为主。

1940 年第十次体育大会，松下电器在甲子园原地举行，因为步伐整齐、有规律，使得 8 万名观众看得目瞪口呆。“兴国在人，亡国也在人”，这是古圣先贤的教训。

只要翻看历史，便可确知这句话是真理。事业的成败也一样，关键在人。得到人才的事业就会兴盛，否则，便会衰微。

松下电器有今日的成就，就是因为得到了人才的缘故。松下电器为什么能交好运得到人才呢？是因为作为经营者的松下幸之助强烈渴求人才。任何东西，都要先有渴望，才能得到，这是千古不变的原则。

松下幸之助在1922年创业初期，有50个员工。大开路一段建好了200坪的工厂之后，他心里就一直想着："我需要人才，我要培养人才。"

当时他患着肺炎，一边养病，一边经营。住在同一条街的木庭医师，每天给他打针，打了相当长的一段时间。

他是一位不大像医师的医师，很讲义气，有点江湖人脾气，病人如有错误的观念，他一定会训一顿，他不但治疗肉体上的毛病，也纠正病人错误的心理。总而言之，他是一位很特别的医师。

木庭医师和松下幸之助相当谈得来，松下幸之助便把病弱的身体交给了他。此后，不管是身体或业务经营有问题，一定请教他。松下幸之助有时候也向他吐露一点自己的野心和抱负。

松下幸之助曾向他透露自己要一面经营事业，一面培养人才。也就是一面生产，一面教育员工。

具体地说，他想在富士山下建一个大工厂，招收全国优秀小学毕业生，叫他们每天工作4小时，受教育4小时，直至专科、大学毕业。用工作4小时所赚得的工资，作为教育的学费。这样教育出来的人，一定比普通学校毕业的人，更能脚踏实地，更能做事。

这个方法，不必消耗国家的财力，也能省下家长的教育费，靠自己的劳力来接受教育，更能养成独立的气质；另外，身为经营者的松

下幸之助也可以借机灌输“劳动神圣”的精神，以便提高工作效率，使得生产合理化。

松下幸之助也可以从4小时的生产中得到充分的收益，用来继续扩大工厂。这样的想法，松下幸之助是在养病的时候想出来的。不过，那只是一种空想，再看看实际的情形，倒有一点气馁。

松下幸之助原也是个理想主义者，常常在心里幻想着一些美好的事情，引以为荣。

与其说松下幸之助是实行主义者，倒不如说他是理想主义者更恰当。理想家在现实生活中容易遭受失败的打击。像他这样常常空想的人，今天能够成功，实在是因为他得到了人才，也培养了人才。松下电器的人，虽然年轻，却都是拼命工作的铁汉；虽然年轻，工作能力却不输给长辈。

松下幸之助用人的原则是：尽量看员工的优点，而不注意员工的短处。有时因为将某人优点看得太重，没注意缺点，因而派他去担任超过能力的职务，后来出了问题。

但松下幸之助却认为这也没什么不好。如果拼命去找员工缺点，他将不能安心用人，反而因时时担忧他失败而寝食难安，员工的士气也会低落，会影响公司的发展。

可是很幸运，松下幸之助不管员工的缺点，只看他们的长处，常常毫不考虑地叫有专长的人去担任主任或部长，将经营的责任交付给他们，结果他们的确也能发挥长处，恪尽职责。来松下电器工作的人，未必都是人才，只因松下幸之助让他们发挥优点，所以事业才能蒸蒸日上。

同样，做部下的人要注意上司的长处，别斤斤计较他的短处。若能做到这一点，一定会成为上司的得力助手。丰臣秀吉这个人，只看他主人织田信长的长处，最后他成功了。明智光秀却恰恰相反，光看主人的缺点，所以他最后失败了。这是一个很好的教训。

1930年5月5日，对于松下电器而言，是值得大书特书、意义非凡的一天。从这一天起，松下电器的指导精神，终于有了确定的原则和目标。

松下幸之助以前的理想之一，是要建立一所店员职训所，也是在这一年开始筹备。到底建在哪里好呢？职训所必须有相当大的一片地。松下幸之助想在1万平方米的土地上建3000平方米的建筑物。

这个买土地的工作，松下幸之助交付给石井去办。石井到处物色，看中了西淀川区姬岛地方的一角。但为了一些细节不能谈拢而作罢。很碰巧，他们听说府下的门真村有人要出售土地，石井赶快跑去看，地点在京阪沿线门真车站附近，交通非常方便，便劝松下幸之助买下来。

松下幸之助也到实地去勘查。当时京阪沿线尚未建设，松下幸之助总觉得距离大阪太远，心里有些犹豫不决，但卖方非常热心，而这时自己又寻不着适当的土地，再说职训所远一点，也不会影响经营，松下幸之助终于决定买下来。总坪数是3500坪，每一坪是17.5元。

关于职训所，松下幸之助计划以培养中坚店员为重点。从全国各小学毕业生里，选出优秀的人才。每天读书4小时，实习4小时，合计8小时。除星期日以外不休假。

大约5年以内，修完中等学校的课程，可以比普通中等学校学生提早两年就职。松下幸之助认为这一时期的少年，是人一生中可塑性最大的时期。无论是学做生意、学机械技巧或学经营，都是最适当的时期，可以提早两年毕业，更可以培养他们的实力，做一名真正有用的从业人员。

终于，松下幸之助要把计划付诸实施。

第一阶段建300坪建筑物。营造工程和土地，共需15万元，对当时的松下电器而言，是一笔金额庞大的负担。但是为了要实现崇高的使命，他们不能吝啬这笔钱。

松下幸之助梦想中的学园总算成真。规模虽然不算大，行政安排以及教育内容上，还不能十分让松下幸之助满意，但是对松下电器来说，这是意义深远的建设。

职训所施工期间，各工厂的订单一天比一天增加。大开路的总工厂，员工们日夜不停地加班。赶货的第二工厂、第五工厂、第六工厂、明石工厂、丰崎工厂、第八工厂也一样，但仍无法应付过多的订单，到了年底订单更如雪片飞来，产生了供不应求的热潮。

在如此的盛况之下，建筑职训所的工作，松下幸之助已无暇过问。松下幸之助最需要急迫解决的问题是，如何处理应接不暇的订单问题。年底也快到了，非加快脚步建一个大工厂不可，于是开始找土地。

至少要找一块1.5万平方米或1.8万平方米的地方才够用。这么大的土地，实在很难找，就算找到了，价格也一定非常昂贵。

这时他突然有个主意，若把职训所的空地，暂时挪过来使用，就可应急了。松下幸之助终于在门真开始建设总厂，那是1932年年末决定的。

1933年7月31日，把全部工程正式交由中川建筑公司承包开工。就这样，松下幸之助在“不惑之年”把总厂建起，这象征着他们已迈出了神圣、辉煌的第一步。虽然他们士气高昂，但松下电器的业绩，并未达到真正令人满意的水准。

比起当初，工厂增加、扩大了很多，销售量也提高不少。可是，全都是小型工厂，无论规模或技术方面，都比不上第一流的大公司。只因为他们不断地扩展、充实内容，才能保持很高的信誉。

这时候，松下幸之助宣布要建总厂，令社会人士刮目相看。有的人称赞他们“无可限量地发展”，有的人却指责他们“海派作风”、“是个骗子”。这也难怪，松下电器虽然不停地进步，实际上却是以十分实力，做十二分的运用。这样做，当然会加重松下幸之助的心理负担。

松下电器不断跃进，所有的银行贷款，都是以信用融通换来的。因此，这次的资金，松下幸之助也得用信用贷款的方式向银行交涉。松下电器已有长久的信用实绩，这次银行也丝毫不加考虑地将钱借给他们。

总厂新厂房终于7月竣工，8月举行新厂房落成招待会。松下幸之助在致辞时，直接坦白地告诉大家说："这次建总厂的钱，全是向银行贷的。"

松下幸之助说："我只不过是把事实老老实实地发表出来罢了。"松下幸之助内心却感到很喜悦。新屋在恭喜祝贺声中诞生了。建筑的外观非常明朗，景象一新，大家异口同声地表示有南欧的风味，"根本不像是一个工厂"。

落成招待会完毕之后，松下幸之助于9月间正式迁入办公。第一次是在大开路一段开设本店，第二次是在大开路二段。这一回是第三次，本店的迁移告终。换言之，经过3次才在门真的一角建立了松下电器的总厂。

松下电器在人事编制上有了变化：1932年5月5日，创业纪念日那一天，店员和工厂员工，合计1000多人。次年的5月5日，人数已增加至1800多人，增加率50%，这在当时算是迅速成长。

以下是当年1月至5月的情形。2月16日，扩大第五工厂，并把第三工厂并入第五工厂。5月，门真建立了新工厂。又在前一年4月收买的三乡村用地，建了一座干电池新工厂。

由此看来，当时的发展是多么的迅速。

# 制定战时经营规则

门真厂和总厂，位于大阪东北方，是迷信中最忌讳的方位，被称作“鬼门”，加上经济恐慌记忆犹新，同行们纷纷说松下幸之助是盲目经营。

松下电器每天早晨8时，围成小圈圈的一个队伍，唱出了《社歌》与《七大信条》，接下来是精神训话，有时谈社会现象，有时发表个人经验，有时谈公司政策。松下幸之助自认不善言谈，但总能以诚意感人，并以身作则。

根据训练所的课程，每一位新进人员，即使是大学毕业生，都得从基层的装配员做起，然后接触推销业务，接受生产及销售训练。

1933年4月设立了事业部制度，7月开始着手研究小型发动机制造。

当时的人颇不以为然，大家总觉得发动机这种东西是动力电机厂的产品，不应由生产家电用品起家的松下电器来开发，而且曾经制造发动机闻名的奥村、北川两家公司，先后宣告破产倒闭，大阪一带没有一家电机制造厂敢再冒险生产。

而松下幸之助的看法却是发动机的用途会越来越广泛，在不久的将来，每家每户用10台发动机的日子即将来到，于是他就让刚从高等学校毕业才3个月的佐藤士夫负责研制。

佐藤在学校里只学过一点理论，被派到研究室做中尾的部下。一开始，他先收购发动机，拆开观察研究。

松下幸之助给他5万元研究费，又派了一名京都大学电机系毕业的桂田德胜协助他，在困难重重下备尝辛劳，终于在次年11月完成了1/2马力的小型发动机，命名为“松下开放型三相诱导电动机”，并开始制造销售。

当时所得的评价，与闻名国际的三菱发动机比较，竟毫不逊色，小型发动机的开发又成功了。于是在收音机部门工厂内，设立专门制造发动机的工厂，开始大量生产。

跟小型发动机同时研究发展的蓄电池，也在相同的信念下，和冈田电气公司合作研制成功，共同出资创设“国际电池股份有限公司”。

1934—1935年，松下电器陆续开发各种新产品超过600多种，生产总额880余万日元，从业员工共计3545名，已是电器制造界的小巨人了。

这时，松下幸之助不但把自己的所得投注于事业，也积极鼓励员工在松下电器投资，并于1933年设立“员工储蓄金制度”，1934年再设立“配股储蓄金制度”。

后来改为株式会社后，开始奖励员工持有股份，并附奖金50%，以后增加为100%，成为“投资储蓄金制度”。“正价”销售和联盟店制度基于共存共荣的理念，1934年7月，松下电器开始实施“不二价销售运动”，11月实施“联盟店”制度。

虽然松下幸之助从创业以来，一直努力大量生产降低价格，使商品普遍化，而且基于“不适当的高价格，或过低的利润都不是做生意的正道”来决定适当的批发、零售价，以确保代理商和代理店的合理利润。但是所定出的价格政策，却没有人遵守。

自1932年开始，价格的竞争越厉害，代理店要求“不二价”的呼声越高，加上代理店认为松下幸之助的发展是可喜的，但是松下电器利益越来越少。于是松下电器决定实施不打折扣的“正价”销售运动。

所谓“正价”，就是“合理价格”的意思。正价销售运动首先实施在收音机、干电池销售上。

推动运动之初，松下幸之助在致所有代理店的谢函中，说出如下信念："正价运动，可以使消费者安心购买，并确保各位的利润，我深信这是达成共存共荣、提升社会生活的大道。"

为了顺利推动正价运动，同时安定代理商的经营，接着又进行"联盟店制度"。

本来代理商给予代理店的利润是没有一定的，因为各代理店经营状况越来越恶化，联盟制度正是针对这个弊病而设的，主要内容是每半年由松下电器按营业额，给代理店固定比率的"感谢金"。代理店的负担因此减轻，能够获得适当的利润。

除了联盟制度，松下电器也努力降低成本，积极协助销售，并以广告活动来支援联盟店的营业活动。

联盟店制度的实施，密切配合了松下电器、代理店和联盟店。松下电器在第二年代理店换约时，发布"松下电器经营精神"，呼吁支持代理商：

> 松下电器并不只消极地要求各位代理商多买东西就算了，而要更进一步地让各位了解我们的经营状态，互相启发，共同开发合潮流的产品。
>
> 这是松下电器对代理商的义务。我们也真诚地希望参与代理商的经营，彼此合作，使业务迈向繁荣之道。

在共存共荣理念的号召下，松下电器和代理店、联盟店的关系，在物质、精神两方面牢牢结合在一起，使松下电器的销售网越来越坚固。

1934 年 12 月，"松下电器制作所"，改组为"松下电器产业株式会社"，同时采用了比事业部制度更进一步的"系列公司"制度，在各事业部下，设立了 9 个子公司。

这一次改组，松下电器产业株式会社站在控股公司的立场，人事方面管理着各系列子公司，更具独立精神从事生产销售。

松下幸之助深恐由于业务扩大，经营会陷于散漫，员工可能会变得骄傲，所以提出以下的规范，来约束员工和经营的执行：

> 不管本公司将来有如何辉煌的发展，请绝对不要忘记我们是商人、我们是从业人员、我们是店员，要热忱地从事业务，虚心地待人接物，这是我们的原则。

1936年至1937年，德国、意大利、日本三国组成法西斯同盟，自称为“改造世界的轴心”，第二次世界大战势必影响到全世界的人民。

战争势必对日本的经济产生巨大的影响。

1937年中国“九一八”事变爆发后，日本的产业界迅即抹上了战时色彩。由于《国家总动员法》的制定，将劳动力、资金、原料、生产设备等予以集中，完成了军需产业动员的体制。

家用电器中，先将电热器、电扇等，列为奢侈品而禁止生产。收音机、电灯泡、干电池等也在军工产品之列，加以种种限制。于1939年开始实行从业员的雇用限制，9月份起又开始了物价统制，以致民生必需品的生产受到了强烈的影响。

处于这种情况，为了努力维持原有产品的生产，并谋求在战时体制下企业的生存之道，松下幸之助决定协助军需生产的方针，于1938年开始接受武器组件的订单。

面对着这一巨大的变动，松下幸之助深恐事业的原有形态迷失，又怕由于发展军需生产而使经营流于散漫，也为了将松下电器置于稳固的基础之上，他在1939年3月制定《经营须知》、《经济须知》和《员工指导与律己须知》，促使全体员工的自觉。

《经营须知》内容是：

经营是公务，而非私事。能以买卖为重，善尽其道，就等于对国家尽忠。要把买卖当作“社会公器”，不可稍存私念。

好的经营可裨益社会，坏的经营会贻害人群。要有好的经营，必须人人全力以赴。

应常存“顾客至上”的心理，时时不忘感恩。为了繁荣，尽责而不顾自己，正是回馈社会的第一步。

《经济须知》内容是：

身为实业界人士，经济观念的涵养为第一要务。尤其在科学极端进步，经营急需科学化的今日，技术研究人员须知研究也是经营之一。应致力于经营经济意识的研究，不可陷于对经营不适合的研究。

所有经费以“量入为出”为急务，要常加检讨，尽量避免浪费。至于营业等费，各部门更应尽力做全盘的整顿，备用品、工具消耗品等，尤应加以爱惜使用。

每月严格执行决算。一个月的业绩应早日公布，使大家了解。资金应作为最有效之运用。应该改进的事项，须切实检讨，加以改进，以免重蹈失败的覆辙。

《员工指导与律己须知》内容是：

员工的指导训练，实为事业兴隆的根本，凡负有指导部下之责的主管，都应随时留意，起带头示范作用。

人的潜在力和适应性，不是一朝一夕可以尽知的。务必使之适材适所，各展所长，对工作力求贡献，公司才可政通人和，提高效率。力求减少偏差，消弭不平不满。

指导部下应以真诚待人，一视同仁，信赏必罚。该说的话一定要说，该追究的一定要追究到底，绝不采取讨好或姑息政策，要以诚意督促他们向上。

事业的成功，首在人和。亲睦和谐是本社一向重视和强调的社风。误用严戒反而滋生凡事依赖他人的心理。在各自执行业务上，要独立自主，决不仰赖他人，而且必须互助合作，以竟事功。

1938年4月，日本政府公布了《国民总动员法》。法令下达后，凡关系到人民生活的日用品均受到限制，甚至连收音机、电熨斗都被算作奢侈品。松下电器也受到了打击。

1940年政府正式展开资材统制，民需生产因此遭到大幅削减，店里的商品日渐减少，品质也开始恶化，家用电器也是如此。

由于代理店的回扣被迫降低，产品的品质和服务大为低落，引起层出不穷的问题。

在这种情况下，松下电器于1940年1月第一次召开“经营方针发布会”以后，消费者、全国的联盟店、代理店等，明确地表示尽量维持电器生产的方针，并于同年8月，倡导“优良品制造总动员运动”。

不论制造部门或销售部门，一切都应该符合消费者的需要，生产价廉物美的优良产品。

不仅在制造上，在市场流程方面松下幸之助也是密切注意。松下幸之助很注意自己的产品是否真能使消费者得到满足，有没有服务不周的地方。松下幸之助要求全体员工将此宗旨切实执行。

1942 年 10 月，由于原料买进更加困难，虽然不得不使用代用材料而变更设计，但绝不能使产品的品质低劣。由于物质不足，市场抢购以及统制的加强，生产上困难重重。

但基于销售劣品并非事业正途的信念，松下幸之助一直贯彻维持品质的方针。此一方针和前年所倡导的《经营须知》、《经济须知》，同样成为松下电器在战乱中正确的指导方向。

松下电器在 1939 年 7 月，将实验成功的电视机在电器发明展览会上公开展出。

该项电视机是为了迎接预定 1940 年在东京举行的奥林匹克运动会开发的，试播接收情况极佳。可惜奥林匹克运动会因战争而中止，电视机的播映也无法实现，因此家庭用的电视，直至战争结束后，才与观众见面。

# 消除战争后的影响

松下电器能够在日本的商业史上留下不朽的盛名，除了前期一系列电器商品在市场上站稳脚跟之外，再就是它在第二次世界大战后的飞速发展，这一时期的发展使松下电器真正成为一家在全球范围内举足轻重的跨国企业。

但是，松下电器的起飞并不那么顺利。经历了第二次世界大战的日本，作为发动侵略战争的战败国，经济自然受到了巨大创伤，并且受到了来自美国的监管，日本的大企业都受到了极大的限制。

松下幸之助公司连同三菱、三井、住友等 14 家企业一起，被美国列为“财阀家族”，其所属企业被指定为战争“赔偿工厂”。

这样一来，这些公司的资产被冻结，所有资金的借入、动产和不动产的卖出，以及更新设备等，都必须事先获得批准。对于企业来说，这些措施无疑都是致命的。

在这之后的松下幸之助甚至重新开始了借债度日的生活。

第二次世界大战以日本的彻底失败而告终。日本宣布投降的第二天，即 1945 年 8 月 16 日，在其他人陷入战败的哀痛中不能自拔的时候，松下幸之助却知道此时应该做什么，他对员工宣布：“战争是结束了，但日本从现在开始需要重建，公司也要迅速迈开战后发展的第一步。希望大家迅速投入工作，务必尽快拿出产品，这是我们的责任。”

松下幸之助的企业管理风格一向雷厉风行，在向公司管理人员布置任务以后，经过两三天的商讨和研究，8 月 20 日，他就向全体员工发表了公司发展计划：

“以前，我们面临本世纪最为剧烈的变革时期，松下电器必须迅速恢复生产，勇敢地迈出重建日本的第一步。我认为，松下电器一天也不能处在毫无方针的状态中，这样会使员工不安。我们固然无法预知未来的命运，但不论发生任何变动，物质缺乏的情况一定会发生，为了使松下电器重新振作起来，我们别无他法。

“工业是国家复兴的基础，在此我可以说大家都将是日本工业复兴的先锋，公司欢迎失业的和将要失业的人们来这里工作，大家精诚团结，携手合作，发扬松下电器的传统精神，为日本的重建多作贡献！”

战后的日本，人们的精神普遍受到了前所未有的打击，表现了强烈的失落感，生产和生活极度颓废。在此种状况下，实业界受打击而不能迅速恢复生产，生活物资又极度匮乏，这当然是有眼光、有气魄的实业家发挥才能的大好时机。

松下幸之助对此的把握是精明和适时的。松下幸之助的成功要素之一，便是他每每能在时局变革的开始调转风帆，迎头赶上。与此同时，他又具有经营的责任感和使命感，这就使其所作所为能坚持商道，精心地生产，公平地买卖，殷勤地服务。

第二次世界大战末期的松下电器情形并不乐观。当时号称工厂60家，员工2万人，但这些工厂大部分是因制造军需产品而成立的，并不适合民用产品生产。

好在松下电器的基础很好，在战争期间坚持优质民品生产，保住了这一方面的设备和技术；战时生产高精军需品，又积累了新的技术和生产经验；空袭中又侥幸留存下来不少生产设备；离开的人才又复归回来，资金则可以大量贷款。

由于在不幸中有这些有益因素的支持，没有用多少时间，松下电器就恢复了民品生产。战败当年的10月，工厂做好全面复工的准备。12月，即开始生产、销售收音机，电炉等。

次年年初，松下电器已有如下产品供应市场：收音机、留声机、扩音器、音量调谐器、电阻器、干电池、探照灯、小型照明灯、沥青绝缘材料、电极、发动机、电灶、熨斗、电热器、电风扇、电灯泡、保险丝、自行车零件等。

这些产品在战后不久陆续面世，由此可见，松下电器的动作是何其迅速。

但是，由于日本是战败国，其工业生产受到以美国为首的盟军指挥部的限制。其中一项，就是半强迫地限制日本工业的发展，以防其国力膨胀，再燃战火。松下电器当然不能例外，很快就接到了这样的限制命令。

对此，松下幸之助没有沉默。他立刻要求属下干部，向有关方面提出强烈抗议。经过再三努力，终于取得了一定的效果。不久，有关方面核准松下电器生产收音机，随后，其他产品的生产也陆续核准。

然而，就在松下电器陆续恢复生产以后不久，新的限制又来了，而且更加繁多，更加严厉。这种情形使松下幸之助倍感伤心，他希望尽早发展自身企业的计划受到了很大影响。但无论从哪一方面来看，松下幸之助都是一个有识之士。

战后的情势，使他看到了人们对民品的需求，而且感到作为一个实业家，有必要为社会大众迅速、及时地提供这一方面的帮助。

正因如此，松下电器才能经过艰难抗争，在战后的业界迅速崛起，终于成为日本顶级巨型公司。同时，松下幸之助也明确地意识到，此时的日本已不复当年，许多方面必须改革，才能适应新的局面。

比如，战后初期，由于盟军占领军为美国，所以政府的许多举措必然带有美国色彩，而且承担联合国指派任务的盟军司令部，也必然以自己的方式对日本政府施加影响。实际的情形也正是如此。

盟军司令部在东京建立以后，迅速发布了一些战后处理和民主化的政策，其中的许多内容和措施与日本的现实和传统多有龃龉。

作为大和民族的一员，松下幸之助或许不愿意看到日本的这种“动摇根本的震撼”，不过，他还是意识到了大势所趋，意识到了未来的走势。因此，他能够对联军的新政策、新精神作出积极的反应，也能主动地采取措施以适应战后的局面，尤其是民主化的进程。

在全面调整军转民的生产机制以外，松下幸之助还在思想观念、工作作风以及规章制度等方面作出了调整。

1945 年 11 月 3 日，松下幸之助发表了新的经营方针，这个方针涉及经营的软件和硬件两个方面，可以说是松下幸之助适应新局势的比较全面的纲领。

这个方针的文字不多，内容却相当丰富。

战后的世界，将是自由竞争、适者生存的时代。欲使公司成为竞争的胜利者，全体员工必须发挥勤劳之美德。为此当先使每人生活安宁，故实行“高薪资、高效率”的理想制度。

为了达到此一理想，拟将步一会恢复至战前状态，作为全体员工的福利机构，追求全体员工的经营实利。

各单位工作均应详加分工，进一步专门化，使各位担任业务、生产、经营的人都成为世界上的专才、权威。如此分工组合，即可奠定我们大企业的根本。

美国采取适才适所的用人方针，重视才干，因此才有相当高的效率。我们必须效法此方针，重视实力，简化资历。

日本复兴相当艰巨，各位务必努力经营，才能获得丰裕生活，也才能为社会提供丰富充足的物质产品。深愿全体员工同心协力，为实现使命而奋斗到底。

从上述5项内容中我们可以看到，松下幸之助的这个经营方针，有许多方面是很有特色，也颇为科学合理的。

首先是效率与薪资的关系。一般的企业经营或其他行业，薪资和效率的顺序总是先效率后薪资，只有在高效产出的基础上，才能提高薪资。

松下幸之助反其道而行之，主要是针对战后日本的客观状况。当时，百废待兴，民生凋敝，许多人吃不饱，穿不暖，工作效率当然十分低下。

为改变这种局面，松下幸之助断然决定先谋求解决员工的生活问题，使他们不虞温饱，从而积极地投入生产，提高效率，摆脱恶性循环。从主观上来说，松下幸之助并不认为这种顺序悖理，反倒觉得薪资和效率两者的关系本应如此。

他也意识到这种先高薪资以换取高效率的做法可能是冒险之举，就是说高薪资未必能换来高效率。

松下幸之助认为，如果出现了高薪低效的情况，那就是管理或人的思想出现了问题，而不是这种方式的毛病。而松下电器在管理和人员素质上软件和硬件两个方面，可以说是松下幸之助适应新局势的比较全面的纲领。

在制定高薪资到高效率制度的同时，松下幸之助还推出了一系列有关福利待遇方面的规定，其中最主要的有：

废止职员、工员的区别制。此前松下电器的员工有职员和工员两种，职员是主管干部和业务人员，工员则是一线的工人，两者名义上有区别，待遇上也有区别，而且工员又分数等，进厂者要从见习工人到三等工人、二等工人、一等工人，如此攀升上去。这种区别，封建的意味十分浓厚，和现代民主化制度颇不吻合，故予废止。

实行全体员工薪金制。一是全体员工按职务和效益获取工资；二是给予相应的津贴。

8小时工作制。此前如同别家公司自定工时一样，松下电器自定工时为每日9小时，这与国外的工时比较起来要长，故松下幸之助及时予以调整，改成每日8小时。

如果说以上的制度比较现实的话，松下幸之助的另外一些改造和革新，就不仅仅是解决眼下的问题了。在这些方面，松下幸之助的眼光是超前的，着眼的是未来的发展。

在1946年1月新的经营方针发表会上，松下幸之助进一步强调此点："经过专门化的各部门，可以只生产一种产品，但知识、技术、工艺、经营都要达到世界一流水平，产量也要达到世界总量的1%。"

松下幸之助认为，只有这样，才能完成企业由小到大的转变，从而跻身于世界最大企业之林。

松下幸之助的这种想法，多少源于对美国企业的了解，他的眼光已经看到了后10年、20年的发展了。专精分工，实质上是提高技术、工艺和生产规模，以形成集约化生产。

与此相对，松下幸之助又在全公司推出"提高技术运动"，以生产"有灵魂的产品"。战前的松下电器产品，技术含量高，品质优秀，松下幸之助决心恢复，乃至超越战前的水平。为此，他号召全体员工都朝着这一方向努力。同时，新成立"产品检查所"，自任所长，以监督产品质量。

经过如上的革新改制以及迅速组织生产的快速反应，可以说松下电器已具备了战前的经营管理状态和生产营销能力，而且潜在能力更为强劲，可以放开手脚大干一番了。

# 渡过难关拓展市场

任何事情要取得成功总不是一帆风顺的。正当松下幸之助信心十足、雄心勃勃地推进企业经营的时候，种种限制加在了他的身上，使他根本不能投入经营，几乎毁了松下幸之助的事业。

1946 年 3 月 14 日，盟军通过日本政府指定一批公司为限制性企业；同年 6 月 3 日，指定一批财阀，并予以分散财产的惩罚；7 月起，分批指定一些工厂向战争受害国赔偿；8 月 11 日，停止支付战争期间军方所购用军需品的补偿费；11 月 21 日，指定一批政界、财经界人物不能再担任公职；12 月 7 日，指定一批企业作特别处理。

非常不巧的是，盟军和政府的所有这些限制，几乎均和松下幸之助有关。

首先是被指定为财阀接着是指定赔偿工厂、解除公职、整理股份、指定限制公司、指定特别处理公司，最后是集中排除法。财阀的认定，主要以资产和家族历史为依据。松下电器在战时有关系公司 67 家，其中 30 多家都有松下幸之助自己的投资，而且有不少生产军需品的工厂。盟军把他和三井、三菱、住友等公司等同起来，以此认定松下幸之助为财阀，并列为财阀家族，限制其发展。

对于这种认定，松下幸之助很不服。他认为认定的两方面依据均不充分。

首先，自己拥有股份的公司虽说多达 30 家，但其规模合起来还不如其他财阀的一家公司的规模大；其次，自己是从本人这代才白手起家创业达到了现在的规模，并非来自祖辈的遗产，而且历史仅有 20 来年，和大财阀的数代传承根本不同。

松下幸之助公司在平时只生产民用物品，是应军方的要求才生产军需品的，而且也因此蒙受了巨大的损失。

据此，松下幸之助认为对自己的财阀认定是完全错误的，必须予以纠正。

为了推翻这一认定，松下幸之助做了大量的工作，为拿出足够的资料以说明事实，松下幸之助命人做了充分的准备，仅说明书一项，就达5000页，全部用英文写成。

他在此后的4年中，来往于大阪和东京之间，向有关部门陈述理由、出示证据，但100多次的交涉并未带来什么好消息。

由于松下幸之助拒不承认自己是财阀，而且不断提出抗议，要求更正，所以他并非因财阀的认定而辞去公司总经理的职务，而是坚持在任上工作，以示对错误认定的抗议，显示出绝不让步的姿态。

1948年2月，松下电器将解散的最终计划向有关机构申报。就在此时，美国对日本的经济政策发生了转变，由最初的严格限制、解散，变为促进复兴与自立。先前的许多决定也随之失效，松下幸之助及其公司又一次渡过了生存的难关。

早在创业之初，松下幸之助就在自己的工厂里主动组织了劳工组织步一会。这个组织和工会近似，稍有不同的是，它不仅是维护工人利益的组织，更是促使全体员工步调一致、共同繁荣的组织。

第二次世界大战后不久，松下电器刚刚迈开重建、振兴的步伐，松下幸之助的一系列举措之中就有恢复步一会一项，而且加重这个组织为工人谋福利的特色，使它和工会更趋接近。

此后不久，盟军司令部发出了企业成立工会的通令，以作为日本战后民主化进程的内容之一。为响应此号召，一时间，各企业纷纷成立工会。

松下电器的工人不甘落后，带头响应，遂于1946年1月30日正式成立松下电器工会，步一会随即解散。这个庞大的企业工会共有会员 15000 名，42 个支部，理事长是朝日见瑞。

工会成立的那天，松下幸之助来到了工会成立会场，到会的员工大约有 15000 名，几乎全体员工都到会，会场显得有些拥挤。

当时的日本，许多企业的劳资矛盾达到白热化，水火不相容。哪一个公司的老板胆敢去参加工会的集会，那集会极有可能变成对老板的批判会、斗争会。

松下幸之助莅会，没有被轰走，而且还被请上台发表贺词，已经是很高的礼遇了。

那天晚上，一位熟人对松下幸之助说："松下君，你真了不起，公司成立工会，还没有见过哪一位总经理敢来参加会议。因为这个时候总经理来了，员工们一定会借机大肆发挥权利，来者肯定要受到无情的攻击。可你来了，真让人佩服之至！"

"这也没有什么可佩服的。自己公司的员工组织工会，即将进入新的伟大时代，身为总经理的人怎么能置身事外呢？所以我就来了，并不值得惊异。"尽管松下幸之助嘴上这样说，心里却为世事的变化而感慨。

他想到公司以前的情况，当自己进入车间的时候，班长就会喊"立正"，全体员工起立致敬；如今，就连自己要致贺词，也得先经过表决同意，真是变化太大了。

时代变化了，新工会也不是往日的步一会了。松下电器工会的理事长朝日见瑞是一位"老工会"，曾是劳工组织"同盟总会"的成员，对于工会业务相当熟稔。故此，工会一成立，各项业务迅即推展开来。

不久，即通过决议，提出了"三条纲领"和"八项要求"，诸如"争取团体交涉权"、"加倍支付薪资与津贴"、"撤销资格限制制度"等，其势头异常凶猛。

而就在此时，盟军的"驱逐公职令"发布，松下幸之助也在被解职之列。

工会得悉此事，以理事长朝日见瑞为首的大部分会员都不愿松下幸之助被解职，他们不顾少数人反对，迅速掀起了保护松下幸之助职位的运动，多方奔走，不遗余力。

全体15000名员工中的大部人都在相关的请愿书上签字，部分员工家属也签了字。工会干部带着请愿书，赴东京面交有关政府领导，慷慨陈词。与此同时，松下电器全国各代理店的店主们也加入到这一行列中来，发起同样的运动，向当局请愿。

第二次世界大战给松下幸之助造成的确实是灾难。但是，松下幸之助不相信厄运。在20世纪40年代的后半期，他一直在抗争。由于公职驱逐令的解除，他得以继续留任松下电器总经理的职位，领导松下电器的恢复和发展。

从当时工业界的情况来看，松下幸之助是恢复生产最为积极的一个，也是最有成效的一个。但是，政策和形势并未给他提供一个很好的机会。

他想生产，可是种种限制令下来，许多事情随即陷入停顿；他融通到了资金，生产出了产品，本拟以一个合理的价格出售以盈利、积累、发展，可政府却颁布了限价法令；他想秉商人之道，正当地生产、经营，但业界的恶劣情形却牵制了他的举动。

然而，无论遇到怎样的困难，松下幸之助有两点是始终未变的：一是决不就此躺下去不再起来，决不退缩、绝不停步；二是绝不同流合污。

当时，由于商品的缺乏，许多制造商不顾信义，粗制滥造，生产劣质产品，糊弄顾客，黑市交易也相当严重。对此，松下幸之助极为反感，进行了坚决抵制。

所幸全体员工埋头努力，终于能在毫不损及股东及债权人的利益下，巩固企业重建的基础，是松下幸之助感到庆幸的地方。

1948年1月，松下电器又遭遇到另一个新的危机。为了抑制战后严重的不景气，政府从1948年春天起，开始紧缩金融，因此物价上升的趋势缓和了许多。然而产业界却遭遇到严重的资金困难，企业纷纷倒闭。

松下电器在1946年年初的每月销售金额为370万元，至1947年，已经增长到每月1亿元。进入1948年之后，增速开始缓慢下来了。当年秋季，资本金仅有4630万元的松下电器，借款已高达4亿元，而且还有3亿元的未付支票、未付款项，使得员工薪金，不得不从10月份起分期支付了。

在这期间，松下电器从银行融资贷得3亿元，希望谋求改善。由于产品预期涨价比原来预定晚了很多，好不容易借出来的资金，为了弥补一时之急，都几乎用光了。

第二年的情况更加恶化了，松下电器为了天大的支票伤透了脑筋，真是一个痛苦的局面。

松下电器在1949年1月的经营方针发布会上，率直地说明了资金困难的情况，并表示为了打破既不能借款，也不能增资的瓶颈，除了靠自己的力量增加收益，别无其他办法。松下电器决心将以往3年来的赤字经营，变为黑字经营，同时呼吁全体员工全力以赴。

接着4月间，松下幸之助发布了重建经营的根本方针，也就是进行工厂的整顿，仅留下一些优良产品，采取集中生产的方式，以减低成本，再加强促销，以求收益提高。

这一年的2月，不景气更加严重。至7月，收音机、电灯泡等12家工厂，不得不半日休工，松下电器滞纳货物税见之于报端，这让松下幸之助得到“欠税大王”的封号，情势可说困难到了极点。

松下电器毅然执行机构改革，增加公司的高级人员，在总公司设置总务部、制造部、资材部、营业部等幕僚单位，并采取总监制，各工厂独立计算，彻底执行生产合理化。

公司更进一步加强销售网，从2月至10月，松下幸之助亲自由北海到九州，拜访全国各地的代理商、经销店，和他们再三恳谈。然后成立了代理店的亲睦组织“国际共荣会”，同时恢复战前的联盟店制度。本来销售路线十分混乱，各代理店都与两家以上制造厂商交易，亲属感很薄弱。

共荣会成立后，松下幸之助要求代理店共渡难关，迈向共荣的前途，并全力辅助代理店，巩固他们的向心力。同时在全国各地设立营业所，在营业所管辖下，以县市为单位，分别设立办事处，全力强化销售体制。

销售股份有限公司，原则上是一县市一公司。在市场混乱地区，则由各有关代理店在不勉强的情况下进行筹设。

在1959年之前，完成了全国性的销售公司网，同业及其他公司也相继仿照。至1949年4月，工厂恢复全日上班，这一段期间，麦克·阿瑟领导的盟军总司令部解散，财阀政策缓和下来，公司上下都怀着莫大的希望，准备踏出重建的步伐。

1950年6月，朝鲜战争爆发，美国向日方订购大量特殊物资，世界贸易开始恢复了景气，沉在谷底的日本产业界，也因此解除了没落的危机。朝鲜战争爆发以前，松下电器每月的销售额仅几千万元。

6月以后，销售情况好转，终于有利润了，前途充满了希望与自信。营收大幅度改善，松下幸之助决定从这一期开始进行战后一次盈余重新分配，股东分了30%红利。第二年5月，又加上特别分红20%，一共分配了50%的利润。

这一年，松下电器接到各种战争必需品的订单，包括干电池、蓄电池、通信机、电灯泡等将近4亿元。

直至1951年7月停战，订单渐渐减少，然而经济已经恢复，电器用品的销售大幅度增长。为了迎接民营广播时代的来临，5月间开始发售高级收音机，12月开始发售新型日光灯。同时，因战争而中断的电视机研究，也在这一年重新展开。

战争的苦难已成过去，拓展海外市场的时机已告来临。

松下电器开始把目标转向海外，眼光看得更广阔。从前松下幸之助是以一个日本人的立场来考虑事情，如今却从一个世界人的眼光作判断。作为一个经济的世界人，松下幸之助认为必须利用日本民族的特点，去从事世界性的经济活动。

松下幸之助向员工提出："从今日起，要以'重新开业'的心态，开拓我们的经营。但愿我们能够从更大的世界观来看事情，将心灵恢复到如同一张白纸一样，重新开始，从头做生意。做生意免不了有激烈的竞争，因此也应该有激烈的斗志。根本上不要忘了'谦虚'两字，才能带来进步。"

1951 年 1 月，松下幸之助宣布第一次赴美。

此行的目的，主要在调查海外市场，引进国外技术，学习别人经营的长处。1 月 18 日，松下幸之助启程赴美，作为期 3 个月的旅行。

一个朝气蓬勃的美国计程车司机问他："怎么样？美国是不是很自由的国家？"

从这位年轻人的问话中，松下幸之助看到美国的自由与繁荣，电视普及率急速增加，不久达到了 700 万台，收音机也突破 1 亿台，此外还有各种电子仪器陆续大量生产。

4 月 7 日松下幸之助结束访美返国，对专门分工的方针更有信心，同时确认电子技术方面应该向海外学习。

# 创造松下辉煌

没有研究心的人不会进步。所以，就是要以电器的研究，来促进人类繁荣与同业的发展。

——松下幸之助

# 跨国合作优化销售

1951 年 10 月，松下幸之助再度赴美，然后转往欧洲，12 月返回日本。

此行的目的是，寻求电子工业方面的合作厂商。就合作的对象而言，荷兰飞利浦在战前就跟松下幸之助有交易，战后的 1948 年末期继续来往。另外，美国的广播唱片公司也是松下幸之助考虑合作的对象。谈判的结果，松下幸之助决定和飞利浦合作。

飞利浦公司有优秀的技术，经营情况良好，比起日本，荷兰土地狭窄，资源缺乏，在这样的环境中，飞利浦却能在 60 年内从制造电灯泡开始，成长为在全球拥有近 300 家工厂和销售网点的世界知名电器厂商。这么辉煌的历史，显然有很多地方值得松下幸之助学习。

进行技术合作的交涉当中，出现了几个问题：飞利浦提出的条件是共同出资，总资本额 6.8 亿元，他们出 30%。但这一笔钱，要从他们该拿的技术指导费中抵算。结果，所有资金负担全在松下幸之助身上。

用这么庞大的资金设备去生产，到底能不能开拓足够的市场呢？何况飞利浦要求的技术指导费，高出美国公司的 3% 很多，他们要求 7%，经过几次谈判的结果，降为 5%。

但松下幸之助认为还是太高了，他们却认为有价值，飞利浦答应派遣技术人员负责全力指导。

那么，松下电器公司岂不是也可以派遣经营人员负责指导新公司吗？倘若飞利浦公司的技术指导有价值，松下电器公司的经营指导也是有价值的。根据这个信念，双方继续交涉，对方虽然觉得很伤脑筋，但最后还是同意飞利浦指导费降为4%。

1952年，松下电器公司与飞利浦签订技术资本合作合同。

这一次，松下幸之助只要去荷兰签个字就行了，这趟非常轻松的旅行，却使他倍感疲倦。原因是他不知道这次合作，是不是正确的选择。关于这一点，他还不能十分确定，事实上，他是以一种非常矛盾的心情去签约的。

松下幸之助告诉自己，到了这一步还会感到疑惑，未免太不成熟了。他深深觉得，在紧要关头仍能冷静理智地处理事情，才真是伟大，他觉得应该修养这种心境。他自问与飞利浦的合作，并不存有半点私心，自己认为做得很对，因此坦然地签了字。

飞利浦公司的负责人把这一次合作形容为："与松下电器结婚。"

1952年12月，终于诞生了双方的子公司，即"松下幸之助电子工业株式会社"。在大阪设厂，生产电灯泡、日光灯、电子管、电视显像管、手提收音机等，而松下电器的有关各事业部门，就利用生产的产品使松下电器的品质提高到世界水准。

1951年8月，松下幸之助派公司职员到东南亚、中东、南美等处开拓海外新市场。1953年成立纽约办事处。1954年，终于把2000台电子管手提收音机向美国出口，其他国家的外销业务也迅速成长，达到了年营业额5亿元。

1953年，松下电器兴建了"中央研究所"，真正开始全面加强技术研究。

中央研究所是从事基本研究和指导各事业部门的新产品开发。为了迎接自动化时代的来临，一并进行新机器设备工具的研究开发，因此有专门的机器制造工厂，还包括了产品设计在内，是一个综合性的研究部门。

松下幸之助初次到美国时，看过当时最新式的干电池制造机。当他第二次再去，却发现去年最新式的机械在一家干电池工厂里成了最古老的机器，这叫松下幸之助大吃一惊。一般市面销售的机器是普通货，一流制造厂商都有自己公司设计的机器，不愿对外公开，因为比市面上的优良好几倍。

如果没有自主的心理准备，只想依赖别人的力量或金钱，是不可能产生真正好的设计的。松下幸之助看到这个事实，觉得还不太迟，可以迎头赶上。只要资本许可，要全力更新生产设备。

正在这时候，松下幸之助面临了美国的干电池制造商向日本的有力挑战。

这一年，美国R公司决定和日本某干电池制造厂合作生产，在庆祝酒会上，松下幸之助接受邀请也去了，该公司驻日本负责人，向他打招呼说："竞争就要开始了，让我们好好干吧！"

对于R公司驻日负责人的一句寒暄话，松下幸之助感到不知如何是好。如果同是日本人，在这样的情况下，他一定会回答："好吧，我们好好干下去吧！"

松下幸之助听到对方直截了当地说到竞争，心想对方未免抱着太大的把握和信心吧！

松下幸之助非常佩服对方毫无保留的认真态度，他认为就是凭着这么一个坚决的信心，在美国才能成为一家优秀的制造厂吧！为应付R公司的挑战，中央研究所与第二事业部的技术人员在短期内成功开发高性能干电池，品质毫不逊于对方。

社会一般人士都认为松下幸之助宝刀未老，"国际牌"干电池的地位获得确保，这件事使松下幸之助非常高兴。他认为这不仅是好胜心使然，由于双方竞争，都愿意把更好的产品贡献给社会，这种热诚和认真，才能使松下电器屡获好评。

经过这些合作与竞争的努力，松下电器终于建立了本身独特的技术基础。

1951年9月，民营电台广播开始，收音机需要量大增，为了产品更加普及，松下幸之助决定建立新的分期付款销售网。

这一年10月，与全国各地代理店共同出资，设立"'国际牌'收音机分期付款销售公司"。

松下电器的收音机产品销售迅速成长，新的销售制度逐渐扩大，终于成为收音机以外的综合性分期付款销售公司，松下电器的市场地位更加巩固。那时自行车代理店的利润微薄，即使是一流产品，也只有4%至5%的利润，而电器却高达10%，相差悬殊。自行车业界不太稳定，倒闭的公司不少。

薄利多销是资本主义经济的缺陷，这实在是非常自私的做法。薄利多销，换句话说就是降低薪资，或许可以赚钱一时，然而必定会使绝大多数人们陷于贫困，使业界陷于混乱。松下幸之助认为自己要纠正这种错误，于是决心建立有力的销售网。

所谓"有力的销售网"，也就是对消费者做到充分服务的意思。有了充分的服务，即能得到消费者满意的支持，经销店经营才能安定下来，从而导致制造商的安定发展，促进人们更丰裕地生活，实现社会的繁荣目标。松下电器开始产销全面性的电化产品，如洗衣机等。

最早销售的洗衣机，价格每台4.6万日元，仅仅是搅拌式的简单构造，不但受到一般消费大众的欢迎，也象征女性从家事的桎梏中解放出来，提高了妇女的地位。

这一年的12月推出电视机，是17英寸的机型。推出前，先用巡回车到各地展示，受到广泛的欢迎。电视机和收音机一样，随着民营广播网的发展，成为新的强力大众传播媒体，也形成电器产品流行的推动力。由于电视普及家庭，给予国民的生活与文化以极大的影响。

1953年，推出第三种人型家电——电冰箱。

战后因生产冰箱供应驻日美军获得佳绩的中川电机，要求参加松下电器系列工厂。这家工厂的前身，是早年曾给松下电器第一批电扇底盘筹办订单的川北电气，现在却成为松下电器的一员，也是幸运了。

电视、冰箱、洗衣机推上市面，改变了人们的生活，带来了崭新的电器化时代。其他小型家电，如果汁机、烤面包器、咖啡炉、吸尘器、蒸气电熨斗等50种以上的新产品，也在1950年至1953年间，陆续开发推出。

1953年夏季之后，开始呈现经济衰退的趋势。

松下幸之助以总公司优先，削减一半经费，并立刻着手整个公司的经费紧缩，谋求资金应用效率化。同时决定采用“本部制”机构，分别设立管理、事业、技术、营业四大本部，集中经营。本部制乃是集合众智，将分权化和自主经营加以整体发挥的经营，因此每星期举行一次本部部长会议，以求整体协调。

1954年，松下电器公司与日本胜利公司合作，该公司的商标“胜利者”在战前非常有名。后因遭受空袭损失重大，美国的母公司又忙于战后重建，自顾不暇，眼看着就要撑不下去，最后由日本兴业银行出面，请求松下电器予以协助。

松下幸之助觉得好不容易才建立起来的日本“胜利者”品牌，如果任它消失，实在是日本产业界的一大损失，于是在这一年1月正式签约合作。同时松下幸之助认为正当的竞争，才能发挥“胜利者”的特长，才能求得真正的发展。松下电器公司就在与“胜利者”的竞争下，获得了今天的进步。

# 制订公司五年计划

1956年1月，松下幸之助发布“五年计划”。

松下电器每年年初，都要召集公司干部举行经营方针发布会。松下幸之助习惯在发布会前和秘书就发布内容进行商议。这一年，松下幸之助与秘书进行了多次交谈，他把数据记在本子上，并以此拟订当年的经营方针。

同年1月11日举行了发布会，松下幸之助总结了上一年度的经营状况，以及本年度的经营指标：

从今年开始，在以后的5年内，松下电器每年的营业额要递增30%，去年的营业总额为220亿元，5年后要达到800亿元；员工每年以10%的速度增加，由现在的11000人扩充至5年后的18000人；资产总额由现在的30亿元，增加到5年后的100亿元。

这就是松下幸之助的“五年计划”。像这样的长期计划，只有政府才制订颁布，在私营企业，松下幸之助算是绝无仅有。与会者既新奇，又振奋，议论纷纷。

这时，主持会议的常务董事大胆地提出疑问：“您制订这么庞大的计划，有什么根据没有？”

松下幸之助说：“松下电器从朝鲜战争后转为景气以来，营业额一直处于上升趋势，年营业额去年达到220亿元。根据政府的统计，国民生产总值正以每年30%的速度增长。如果松下电器每年能达到这个增长速度的话，5 年后即可达到 800 亿元的营业额。其他两项，也是根据相关增长的指数而确定的。”

松下幸之助胸有成竹，踌躇满志地继续说道：“我想，在座的不少人会提出这样的疑问：‘这么远大的目标能实现吗？’不但你们，我自己也提过这样的疑问——可我非得制订这么宏伟的规划不可。

“众所周知，我们公司拥有几百家代理店、几千家连锁店，背后还有几千万消费大众。当他们为了提高生活水平，需要电器商品的时候，如果得不到供应，只好安于贫乏的生活了。所以我们必须事先预测市场的需求，立即做好充分的准备——扩大规模，更新产品，免得到时候手忙脚乱。这是时代赋予我们的崇高使命，我们每个松下电器人，义不容辞，责无旁贷。”

松下幸之助把自己逼得没有退路。这是松下幸之助一贯的作风：逆境逼人发奋；处顺境之中，要自己给自己施加压力。为实现“五年计划”，松下幸之助制定了一系列方针、措施。专业化生产，有益于提高技术，增大产量，管理单一。松下幸之助将原来的 11 个事业部，再细分成 15 个。取消原来以数字排列的名称，直接以产品名称命名事业部。如收音机事业部、洗衣机事业部……

兴建自动化工厂，在“五年计划”出台的前一年就开始了。

松下幸之助访问欧美，对各工厂的自动化流水线极感兴趣。欧美采取自动化作业多是出于人工作业成本高。日本劳动力廉价，有没有这种必要呢？

松下幸之助认为：“日本工人的工资将会随着经济的发展而同步增长。我们不能等劳动力昂贵之时，再采用自动化。另外，自动化的准确、精密、快速、高效，是人工无法比拟的。巨大的投资，完全可以通过大产出而消化掉。”

1955 年，门真电视机厂竣工，投入大量生产。按照“五年计划”，门真厂产出的电视机，还远达不到预定的指标。1957 年，总公司与电视机事业部投入巨资，在大阪的茨木镇兴建规模庞大的自动化工厂，所有的流水线加起来有几十千米长。茨木工厂于1958年7月竣工，月产量由过去的1万台电视机增加至3万台。

除此之外，各事业部都在大兴土木，增添设备。与飞利浦公司合资的松下电子高端工厂，堪称松下电器新式工厂的典范。除建筑外壳由日本的建筑事务所设计，流水线设备，或从国外购入，或按飞利浦公司的图纸制造。整个工厂一尘不染，恍若置身于东京大学的现代化实验室。

日本的企业界，把松下电器公司的高端工厂、茨木工厂，评定为世界一流水平的新设备、高产量的工厂。各国来访的政府首脑，纷纷来松下电器新工厂参观。松下电器的新工厂成为日本企业的明珠，属于日本国民的骄傲。

日本天皇及首相，介绍日本工业时，莫不以松下电器的新工厂作为话题。至于各国政界、商界人士慕名而来的参观者，更是络绎不绝。

至1960年，松下电器公司接待的外宾人数已逾3000人次。从此，松下电器公司的名声远播世界。

松下幸之助常把各国首脑及来宾的留言在公司会议上宣读：

从松下电器的工厂，我看到了日本的希望。

我原先小觑了日本人，我现在不得不刮目景仰——未来世界电器产业的霸主，属于日本，属于松下电器！

松下电器的生产突飞猛进，销售业绩亦不凡。原先最担忧的“三大神器”的销售，由于采取了分期付款的方式，反而供不应求。

这5年，也是海外销售高速发展的5年。

1958年，松下电器的海外年销售额，由4年前的5亿元，飞速增长至32亿元。业绩可喜可贺，令人鼓舞。

松下幸之助却说："不，太慢了！应该以更高的速度增长！"

负责海外销售的，是松下电器的贸易有限公司。松下幸之助发起一项活动——"假如我是海外推销员"，要求所有员工向贸易公司提合理化建议。贸易公司在短期内收到数千条建议。

松下幸之助也提了一条建议："做任何生意，必须遵循一条原则，这就是做生意的对象。松下电器如果真正想在海外销售方面有大的突破，负责经营的人，就不能只站在公司的立场看问题，同时必须站在消费者的立场上，看看他们需求什么，期待什么。这样才能制定合理的销售方针。"

贸易公司制定出市场调查先行的方针。这种方针，也成为日后日本企业开拓国际市场的营销谋略。贸易公司还着手把设在海外的销售据点，扩充为销售网。美国是全世界最大的消费市场，消费总额占了全世界的2/5。

美国人购买力强，任何昂贵的电器商品，在他们眼里只是小菜一碟。因此，贸易公司把海外销售的重点放在美国。

1953年，松下幸之助贸易公司在纽约设立办事处，次年改为美国分公司。

1959年9月，设立当地法人的销售公司——美国松下电器公司，公司地点位于纽约附近的新泽西州。同年11月，松下电器国际总部成立，办公地点在纽约的著名建筑——泛美航空大厦内。

国际总部除负责产品外销外，还经营松下电器的资本、技术的输出。输出体制的强化，使"乐声"牌手提收音机成为世界畅销商品，"乐声"商标开始为世界消费者所认识，开始赢得国际声誉。

# 持续发展慎重周密

1973 年，松下幸之助虚岁 80 岁，可谓功德圆满，事业有成，该颐享天年了。松下幸之助自 1961 年从总裁职位上退下来，致力于 PHP 运动。松下幸之助退居二线，正值公司最景气之时。现在，松下幸之助对公司的现状，有一种功成名就的自豪感，他又有何惊人之举呢？

1973 年，松下电器公司举办记者招待会，松下幸之助面对记者及同僚说了下面一席话："用虚岁来说，我今年正好 80 岁。创业 55 年来，该做的事我都做了。现在，连我都想摸摸自己的脑袋，说一句'做得不错嘛'。我希望建立新生代的松下电器公司，所以决定辞去董事长一职，转任最高顾问。"

松下幸之助每次讲话，众人都会做好鼓掌的准备，现在却一时愣在那里。马上有记者发问，松下幸之助平静地道："该说的我都说了，空出的董事长之位，由专务董事高桥荒太郎接任。总裁一职，仍是我的养子松下正治。"

这一年的 11 月 27 日，公司高级主管在大阪皇家饭店为松下幸之助祝寿，并举行"感谢顾问会"。

松下幸之助偕夫人梅乃出席酒会。在此之前松下幸之助曾表示：自此彻底退隐江湖，潜心 PHP 研究。就在松下幸之助寿日的前一个月，埃及与叙利亚对以色列突然袭击，由此而爆发石油危机，严重依赖海外资源的日本产业立即陷入困境之中，赤字如瘟疫般在各企业间蔓延。

松下幸之助人生经历中经过 3 次重大危机。第一次是 20 世纪 20

年代末的世界性经济危机；第二次是日本战后国民经济崩溃，松下幸之助被指定为财阀；这是第三次。因此，“感谢顾问会”实际上成了“挽留顾问会”。

松下幸之助在席间一再表示：一定与数万员工一道共渡难关。他说：“临事只顾个人安危，是弱者的表现。处于这种非常时期，唯有抱着大我的观念，摈弃私利，才能摆脱困境。”

松下电器很快从不景气的阴影中走了出来。松下幸之助总是在公司最景气之时，急流勇退；在公司陷入危机之际，身先士卒，抛头露面，给人力挽狂澜的感觉。

1977 年 1 月 17 日，松下电器总裁松下幸之助在东京的记者俱乐部，发布了上一年 11 月的公司结算：11 月份年营业额为 13600 亿元，比上一年度增长 23%；经常性利润为 842 亿元，比上一年度增长了 92%。年营业额及利润涨幅这么大，委实令人吃惊。

接着，松下幸之助发表了更令人吃惊的讲话：“下个月 2 月 18 日的股东大会后要进行董事改选，内定董事长高桥荒太郎退休后担任顾问，松下幸之助接任董事长，山下俊彦董事升任为新总裁。”

记者最为吃惊的还不是人事变动本身，而是山下俊彦太陌生了。记者互相打听：“山下俊彦是什么人，你知道吗?”

没一个记者熟悉山下，而且委以重任，真叫人摸不着头脑。记者手中营业报告书中的董事名册中，确确实实印有山下俊彦的大名。26 名董事，他排行第 24 位，仅一名普通的资浅董事而已。

这真是出人意料，平步青云，他凭借什么呢？日本的政界商界，皆以论资排辈升迁为惯例——记者连珠炮似的发问。

松下幸之助回答道：“用一句话来回答，就是要下决心让组织年轻化。作为董事长的我已 83 岁，从董事长退任顾问的高桥则 73 岁，而新当选为总裁的山下俊彦才 58 岁，比我年轻 25 岁……这就是人事变动的主要原因。”

事实正如松下幸之助所解释的那样吗？记者仍心存疑窦，进行种种分析揣测。这已是公开的事实，松下幸之助对他的养子是不满意的。1961 年，松下幸之助把公司的总裁职位交给养子，但事实上，仍是松下幸之助亲政，大权并未放手。养子品行无可挑剔，但缺乏驾驭巨型企业的能力及气魄，终究给人扶不起的阿斗的感觉。

从公司的发展来看，松下幸之助早该退下来。正是因为他尚可亲政，也就让他悬在高位之上。

松下幸之助经历了与盛田昭夫“录像机规格之争”，虽争取到主动权，总有力不从心之感。他劳碌了一辈子，如今精力日衰，便不想再亲政，而醉心于 PHP 研究。

松下幸之助早就应该把总裁之位交给高桥荒太郎。高桥忠诚能干，是公司实质的“大掌柜”。接触过高桥的人普遍认为：高桥绝不会有篡权的野心。但人多势众的高桥派在无形中形成，已是不容争辩的事实。

记者们大都认为：松下幸之助出于对“家庭事业家庭传”的考虑，是不放心高桥任总裁一职的。

为感谢高桥对松下电器公司的贡献，松下幸之助于 4 年前从董事长之位退下时，让高桥继任董事长。董事长与总裁，形如日本天皇与内阁首相，前者地位最高，后者权力最大。

再者，高桥这位董事长身后，还有最高顾问松下幸之助。按惯例，总裁可“升”为董事长，董事长不可“降”为总裁。

松下幸之助在面子上做得很得体，尽了业主之情，高桥对松下幸之助终生感激不尽。

记者们把种种分析都归结为一点：松下幸之助苦心孤诣作这番安排，一切为的是家族事业，让具有松下幸之助血脉的人继承庞大的产业。松下幸之助的女婿，同时又是松下幸之助的养子松下正治年纪尚轻，他无论资历和能力都不可胜任总裁一职。那么，在松下正治羽翼丰满之前，必须有一人充当过渡的角色。

现在问题又回到原点上：为什么要委此重任于名不见经传的山下俊彦呢？还是听听松下幸之助是怎么说的吧！他的话最具权威性。

记者们的请求终于有了回音，松下幸之助很乐意接受采访。是日，记者被带进顾问办公室。83 岁的松下幸之助显得老态龙钟，他站起来迎接记者时脚步不稳。

在接受记者的名片之后，松下幸之助也掏名片回赠记者，但他双手颤抖，怎么也掏不出来。总之，给人大病初愈的感觉。

松下幸之助长期住在总公司旁边松下医院的专用病房，与其说在治病，不如说是养病。他一生中的相当一部分岁月都是这么过来的。他能凭双手开创这么庞大的基业，令在座的记者肃然起敬。

松下幸之助说话声音微弱，但头脑非常清晰。

问："您是什么时候开始考虑提拔山下先生的呢？"

答："这次人事变动，真是很突然出现在脑海里的啊！4 年前，我退任高级顾问，让高桥君任董事长。那时高桥和正治还能通力合作，但是高桥君这段时期里健康状况不太好，这自然是工作太繁重的结果。我找高桥君谈话，正好高桥君有意急流勇退，因此这件事就这么定下来了。

"总裁人选的条件有几项，其中一项是必须年轻，能负 10 年的责任。基于这样的考虑就不能从 4 位副总裁、5 位专务董事中挑选了，他们最年轻的都超过了 60 岁。因此，我以既年轻又是总裁最佳人选的标准筛选了又筛选，浮现在脑海里的就是山下俊彦了。"

问："您对山下这人，以前有过什么评价吗？"

答："我认为他是一个果断的人。他汇报工作，条理清晰，我们听后，如同身临其境，了如指掌。我们曾派他去解决很棘手的问题，他来总部从不发牢骚，只说进展顺利，也确实很快就解决了问题。他是个一言不发、默默实干的人。这种实力，不论公司大小，都是一样重要。”

接着，松下幸之助大谈公司在新时期面临的危机。松下幸之助对山下是寄予了厚望的。

松下幸之助在任命山下为总裁时曾表示：“从此我将彻底退隐江湖，不再过问公司的事务。”

松下幸之助的这段表白，是体现他对山下的信任，鼓励他放开手脚去干。松下幸之助对松下电器公司有着亲子般的感情，不过问，并不等于不关注。

关于企业领导者所处的位置，松下幸之助曾有一段精辟的论述：“当员工100人时，我必须站在员工的最前面，身先士卒，发号施令；当员工增至1000人时，我必须站在员工的中间，恳求员工鼎力相助；当员工达到1万人时，我只要站在员工的后面，心存感激即可；如果员工增到5万人至10万人时，除了心存感激还不够，必须双手合十，以拜佛的虔诚之心来领导他们。”

山下俊彦任总裁的第五年，在实行远景目标改革的同时，并没有牺牲短期效益。年营业额由他就任总裁的14300亿元，上升至23400亿元；经常性利润由977亿元，提高至1715亿元。可以说，山下业绩斐然，不负众望。经营方针发布会，自然是在喜庆的气氛中开幕。

按惯例，是先由山下总裁发布经营方针，然后董事长补充并勉励，最后是松下幸之助顾问训示。但这一天，松下幸之助抢在山下之前突然登台，异常激动地站在麦克风前。众人愕然，屏息聆听。

松下幸之助的声音很微弱，口齿不清，但看他脸红耳赤的表情，知道他要怒斥：“最近，听说有几名职员说：‘松下电器不能成为金太郎糖。’（注：金太郎糖是一种圆棒形糖，无论怎样切，断面上都有金太郎的面部形象）简直是岂有此理！说出这样混账的话！为什么‘金太郎糖’不行呢？松下电器精神不就是要所有成员团结一致、坚如一座磐石吗？我希望你们记住出发点。”

松下幸之助战战兢兢，山下俊彦表情严峻，会场鸦雀无声，都感觉到松下幸之助顾问的冲天怒火。

松下幸之助并没有训斥某一个人，某一个部门，仍是以松下电器精神讲话。松下幸之助讲话的精神实质是什么呢？不仅数千公司干部没听懂，就是与松下幸之助最接近的高级主管一时也没领悟。

从字面上理解，松下幸之助是推崇员工做金太郎糖的——大家的思维、言论、行为犹如从一个模子里翻出来的。

可是，松下幸之助一贯教诲的“不墨守成规富有创新”，“要有自主经营的精神”，又该作何种解释呢？现在公司的经营方针违背了松下电器精神吗？松下电器精神到底是什么？

有“松下幸之助传教士”之称的高桥荒太郎曾说：“松下电器精神就是松下幸之助本身。”松下幸之助对这句话大为赞赏。这是不是有些玄乎？

据日本经济评论家分析，暮年的松下幸之助，堕入一种极有权势领导人常有的老年情结。他说的话，可从任何角度去理解；无论事情的结果是好是坏，都可以证明他说的话是一贯正确的。如此，对于代表松下幸之助行使最高领导权的山下来说，事情最不好做，又最好做。

事后，一记者问松下幸之助：“目前的公司是不是偏离了松下电器精神？公司现在缺乏的是什么？”

松下幸之助回答说：“这是大家都在思考的事啊！”松下幸之助的话仍旧模棱两可。

松下幸之助对公司的状况很不满，但是，他是不满员工的思想动态呢，还是不满山下推行的改革举措？答案是“这是大家都在思考的事啊”。

无论怎么说，作为总裁的山下是要对公司发生的一切负有责任的。山下先自我反省，然后在公司反省。因松下幸之助的指向不明，山下的反省就没有什么实质内容，算是一种闪烁其词的“精神反省”吧！

山下不比高桥，高桥能够揣摩透松下幸之助的心事，按松下幸之助的意愿去办。

山下不善察言观色，更不会见风使舵。因此，他也就不会将正在实施的改革举措中途而废。或许，当初松下幸之助委任他，正是看准他不屈不挠的顽强个性。对这件事，我们不好轻易给暮年的松下幸之助下“世故圆滑”的结论。

笔者认为松下幸之助是极明智的，他意识到他的思维跟不上高科技的新时代，他就不再对某件具体的事加以肯定或否定。他对公司事务“不过问”，实则比“过问”更好。因此，他讲话，基本都属精神范畴，不涉及具体内容。

1986年，山下俊彦任期届满，卸下总裁一职。任期不是主要原因，主要原因是他不是松下幸之助家族的人。山下也未依照惯例，由总裁而改任董事长，而是越过董事长之位担任顾问，董事长仍由松下幸之助担任。松下幸之助不受任期限制，原因不言而喻。

总裁一职，由谷井昭雄担任。谷井将会与山下一样，做松下幸之助“家族事业家族传”的铺路石。

当然，他们是有棱有角、不同凡响的铺路石。家族事业能否家族传，一直是松下幸之助的一块心病。在资本主义社会，私有财产受到保护与尊重。对创建庞大的家业，并且能顺利地传给后代使之发扬光大的人，被视为民族英雄。因此，对松下幸之助抱有“家族事业家族传”的顽强信念，不能以通常的概念加以评判。

如果站在彻底排除私情的角度，来评判家族事业该不该传于后代，应该看是否对家族事业有利。如果处理不当，将会给家族事业带来无法弥补的损失。

东急公司创始人五岛庆太，不顾以副总裁大川博为首的一批下属及友人的反对，执意让他37岁的长子升任总裁。结果，五岛庆太一死，大川博辞职，投奔东急公司的竞争对手东映公司，使东急一时方寸大乱，措手不及。

松阪屋公司是伊藤家族一手创立的。伊藤家族的人认为自家人执掌公司大权是名正言顺的事。1985年，继任总裁一职的伊藤洋太郎与家族“掌柜”铃木正雄对立。结果，股东与员工联合起来把伊藤洋太郎赶下台，让铃木正雄担任总裁。

为什么会出现家族事业创始人的后代无法控制局面的现象？

首先，后代不再有创始人至高无上的权威；其次，后代可能人品、能力不及第一代，不能让员工诚服；最后，也是至关重要的一点，日本的遗产税法，会使传及后代的遗产所剩无几，家族在公司占有的股份将会锐减，不再拥有控股权的优势，这样一来，家族事业只是名誉上的。

松下幸之助很清楚这其中的利害关系及奥妙，他内心非常渴望在他的有生之年看到他的孙辈继承他的事业，但他从不在言谈中暴露出来，更不会仓促行事。

非常不幸，继承松下幸之助血脉的人非常少。松下幸之助唯一的儿子松下幸一不满周岁夭折，此后梅乃不再生育。为了使家族事业后继有人，松下幸之助将女婿平田正治招为养子，改姓为松下正治。

所幸的是，松下正治和幸子为松下幸之助生下孙女敦子、孙子正幸与弘幸。长孙正幸生于1946年，松下幸之助视之为掌上明珠，祈盼他早日继承家业。

松下正治出身世家，毕业于名校东京大学，对松下幸之助忠心耿耿，但毕竟缺乏领导大企业的魄力。

当年，以住友银行董事长为首的一群朋友竭力劝阻让松下正治任总裁，力荐高桥荒太郎任总裁。松下正治力排众议，固执己见。松下正治继总裁之后又任董事长，松下幸之助“家族事业传至第二代”

的夙愿，总算有个圆满的结局。

现在是如何传至第三代的问题了。

1978 年，松下正幸 32 岁，松下幸之助家族第三代传人的培训正式开始了。抛头露面的，是正幸的姐夫关根恒雄。关根的父亲经营建筑行，论财富，不及其妻敦子的祖父松下幸之助，论门第，比不上父亲松下正治。

关根曾在美国加州大学建筑系学习，在美期间，认识赴美旅游的敦子，两人相爱相恋。婚姻大事，还必须得到祖父的认可，松下幸之助对关根进行了严格的面试，认为他忠诚可靠，才同意关根成为松下幸之助家族成员的。

松下幸之助后来把纯粹的家族公司“松下兴产”交给关根管理，公司业务以房地产为主，正好与关根的专业吻合。关根在大项建了一幢全日本最高的建筑——商业办公大厦，成为同业的骄傲。

为报答祖父的培养之恩，关根对正幸的接班培训热情备至，尽心效力。他向松下幸之助建议让正幸来松下兴产工作，松下幸之助欣然赞同：“嗯，好主意，就交给你办吧！”

正幸做上了松下兴产下属公司——松下物流仓库的总裁。正幸毕业于庆应大学经济系，进入松下电器任职员期间停职赴美在宾夕法尼亚大学进修一年。期满后进入美国 3M 公司工作。1972 年被其父正治召回日本，到松下电子公司任职员。

正幸还没有独立管理公司的经验，他担任松下物流仓库总裁，可谓是“战前练兵”。

# 眷恋发展着的事业

1975年，在松下幸之助81岁的时候，有一位朋友送来一幅立轴，上面写着“半寿”两字。松下幸之助不知其中奥妙，就向他请教。朋友解释说：“‘半’字拆开，可看作是“八十一’，你恰好就是81岁。”

朋友又笑着说：“不过这里还有一层更深的意思，让我给你说来。如果80岁是‘半寿’的话，‘全寿’是两个‘半寿’，也就是160岁。祝你能活一个‘全寿’。”

松下幸之助听了哈哈大笑，说道：“好，借你吉言，我一定要活一个‘全寿’，活到160岁。”

在这以前，松下幸之助曾说过自己要活106岁，那样他就可以跨越19世纪、20世纪和21世纪了。

后来，当松下幸之助听到日本有个老人活了124岁的时候，他又说自己要活到130岁，要打破日本的高龄纪录。

当时立花法师听说此言，就托人捎话，对他说：“这样的话还是不要乱讲的好。万一你活不到130岁，岂不是让大家笑话你吗？”

松下幸之助平时很愿意听立花法师的话，可这回他只是笑笑，好像很不以为然。而现在，他的话越说越大，居然又说自己要活到160岁了！

松下幸之助曾说过："作为人而来到这个世界，做人的成功才是最重要的，在这个意义上我还远远称不上是成功。"

松下幸之助虽然步入老年，但他总觉得还有许许多多事情要做，也许160岁还不一定够呢！可是，在95岁那年，他得了肺炎，病倒了。

家属把他送到医院，松下幸之助喘不上气来，医生决定在他的鼻子里插上氧气管帮助呼吸。

医生对他说："现在要把管子插进去，会略微有些痛苦的，请您忍耐一下，多多关照吧！"

松下幸之助无力地躺在病床上，但他的头脑却一直很清醒，他声音微弱地说："不，受照顾的是我，说'请多关照'的人应该是我。"

可是他毕竟太老了，这一次他闭上眼睛就再也没睁开，那一天是1989年4月27日。

松下幸之助的生命，应该是一种奇迹。他自幼体弱多病，家人甚至松下幸之助自己都认为活不过20岁。他青壮年时，身体仍不好，并且常患当时死亡率很高的肺炎及肺结核。因此，松下幸之助活过20岁就担忧度不过30岁，度过了30岁就忧心撑不到40岁，支撑到40岁就忧虑盼不到50岁寿辰了。

"我能活到现在，真是不容易啊！"松下幸之助常常发出这样的感慨。

松下幸之助给人的感觉，就像羸弱的树苗，经受着风雪冰霜，却始终未被折断。50岁寿辰、60岁寿辰在侥幸的心情下度过，松下幸之助有股"活够了"的满足感，事业有成，寿年渐高，松下幸之助对死不再恐惧。

人们在探讨松下幸之助生命现象时指出：怕死之人易折寿，那么是松下幸之助对事业的顽强信念，支撑着他那脆弱的生命。

1966 年，72 岁的松下幸之助参加友人家举行的小孩成年的“弱冠仪式”。面对着一群朝气蓬勃的年轻人，松下幸之助艳羡不已地说：“如果我能够再像你们这么年轻，我愿意抛弃所有的一切来换取它。”

1978 年，作家石山四郎向松下幸之助请教“青春永驻”的秘诀，84 岁的松下幸之助像小孩似的兴奋地回答：“可能是对未来充满希望的缘故吧！”

松下幸之助的真庵寓所，有一幅以“青春”为题的亲笔字墨，以此为座右铭。“青春，就是永葆年轻的心。只要你充满希望与信心，勇敢地面对每一天，并全力以赴，那么，青春便永远属于你。”

1984 年 11 月 27 日，松下幸之助迎来他的 90 岁寿辰。在寿辰之前，松下幸之助收到了上千封祝寿的贺信、贺电。松下幸之助回赠了谢函。

谢函使用了精美的印刷品，而署名却是松下幸之助用毛笔亲手签写的。在谢函中，松下幸之助再一次表白了他对生命的态度。

> 托您的福，我健康地迎来了 90 岁。您在百忙之中，还为我的事费心，我很过意不去。同时，我也十分高兴，衷心地感谢您。
>
> 从幼时起一直身体不大健康的我，竟能长寿至今日，连我自己做梦也不曾想过。尽管这么说，毕竟到了 90 岁，难以对健康有信心了。如今也感觉到了身体的衰弱。
>
> 今天的日子来之不易，把今天——我的生日作为一个新的起点，活着度过 3 个世纪是我生存的意志力所在。愿尽所能，全力贡献我微薄的力量，就算是我自作主张，答谢您厚爱的一种方式吧！

生老病死，乃自然规律。生命力再旺盛的人，也有生命终结时。

1989 年 4 月 27 日，松下幸之助因肺炎去世，享年 95 岁。松下幸之助未能像他预言的那样，活到 21 世纪，但他活到如此高龄，仍是一件值得庆贺的事。

如果说，松下幸之助还有什么遗憾的话，这就是他未能亲眼看到他的长孙松下正幸继承家族事业。家族事业传至第三代未有圆满的结局，但松下幸之助在做法上却十分圆满。他完全有这个权势，在他有生之年任命松下正幸做总裁。

松下幸之助晚年，荣耀之极。下列所述，是 1958 年至 1988 年，松下幸之助 65 岁至 94 岁的 30 年间，所获得的重要荣誉：

1958 年 6 月，荷兰女皇鉴于松下幸之助对促进荷日两国经济交流所作的卓越贡献，代表政府授予“奥伦治领导者声望奖章”。

1958 年至 1962 年，美国《时代》杂志、《生活》杂志、《纽约时报》等报刊对松下幸之助进行专题报道。其中 1962 年 2 月 23 日出版的《时代》杂志，将松下幸之助作为封面人物。

1964 年 9 月，美国《生活》杂志在东京奥运会前，出版了一期日本专辑，以松下幸之助为封面人物，评价他是一位伟大的实业家、哲学家、畅销书作家，是“融合福特（美国汽车大王）与雅幕嘉（美国牧师兼作家）为一体的先驱者”。

1964 年，日本《每日新闻》举办全国高中生投票评选“你最尊敬的人物”活动，松下幸之助得票数名列第一。

1965 年，鉴于松下幸之助对日本社会所作的贡献，早稻田大学授予松下幸之助名誉法学博士学位。

1965 年，荣获日本天皇颁发的“二等旭日重光勋章”。

1970 年，荣获政府颁发的“一等宝瑞奖章”。

1976 年，松下幸之助夫妇赴美参加洛杉矶市日裔周庆典活动，洛杉矶市长把松下幸之助到过的那天定为“松下幸之助日”。

1979 年，鉴于松下幸之助对马来西亚产业发展所作的贡献，该国政府授予松下幸之助“邦克里玛·满克·厄瓜拉勋章”。

1981 年，荣获日本政府颁发的“一等旭日大绶勋章”，这是日本至高无上的荣誉。

作为实业家的松下幸之助，同时又是慈善家。松下幸之助乐善好施，用他的话说：“我的财富及荣誉是社会给我的，我必须回报社会，以实现我的感恩图报的理想。”

下面是松下幸之助献身社会所从事的重要公益慈善活动：

1961 年 3 月，捐赠 2 亿元作为松下电器员工福利基金。

1964 年 2 月，捐资在大阪修建交通设施。

1968 年 5 月，鉴于交通事故的激增，在公司创业 50 周年之际，捐献 50 亿元作为“防止儿童交通事故对策基金”。

1968 年 12 月，为发展人口稀疏地区的产业，松下电器在人口最少的鹿儿岛开设工厂。

1970 年，在大阪举办的万国博览会期间，松下电器与《每日新闻》合作，展出“时代之舱”。所谓时代之舱，是把 1970 年人类文化的 2098 件物品及记录，装入特殊的金属容器中埋入地下，把现代文明留给 5000 年后的人类。

1973 年 7 月，辞去董事长改任顾问之时，捐款 50 亿元给日本政府。

1974 年，鉴于全世界发生石油危机，日本陷入经济萧条，通货膨胀，松下幸之助出版《如何拯救正在崩溃中的日本》一书，发行 60 万册，影响深远。

1976 年，PHP 研究所创立 30 周年之际，松下电器斥资 70 亿元建立为日本培养 21 世纪人才的松下幸之助政经塾。

1980 年，松下电器与松下幸之助各捐资 50 亿元设立教育基金。

松下幸之助已成为历史人物，我们该如何对他进行评价？

松下幸之助是日本现代史上最成功的实业家。松下幸之助出身微贱，白手起家，凭着自己的不懈努力创建了庞大的商业帝国。松下电器是当今世界三大电器企业之一，在日本电器行业一直排列第一，在日本最大的百家巨型企业中排行第十二位。松下幸之助本人长期在日本富豪榜中雄踞首位。

在日本，情况与松下幸之助相仿的，大概只有摩托车之父本田家族伊藤忠商社，三菱集团、三井集团、住友商社、丰田汽车等巨型集团的资产额虽在松下电器公司之上，但它们是经历数代人积累的结果。

松下幸之助是经营之神。日本著名经济评论家池田政次郎说：“现在，一提到松下幸之助，一定会在他的名字之前冠以一个头衔，那就是‘经营之神’。这个头衔到底是谁提出来的？从什么时候开始普及的？没有定论。可以说是自然产生的，日本的社会大众很自然地就给松下幸之助冠以了这样的头衔。”

在日本与国外，凡是谈及现代日本企业管理，首推松下电器与丰田汽车。1990 年，日本《每日新闻》刊出一篇报道，题目是“日本大学生眼中，最受欢迎经营者排行榜”。松下幸之助又是排名第一。可此时，松下幸之助已去世一年，足见经营之神的独特魔力。

松下幸之助是理想主义实践家。松下幸之助是一名商人，商人的共同特点是务实。而松下幸之助却带有浓郁的理想主义色彩。

20 世纪 90 年代日本有一部名为《日本商魂》的权威著作，该书介绍了 3 位跨世纪的杰出企业家：石田退三，即丰田汽车大掌柜，被誉为丰田中兴之相；土光敏夫，即曾任石川岛播磨重工与东芝公司总裁；另一位就是松下幸之助。石田退三与土光敏夫都是彻底的务实派，而松下幸之助既务实又务虚。

该书作者池田政次郎如是评价松下幸之助：

在更早以前，他就是一个“精神主义”的实践者，他的经营方法已经非常突出了。晚年的松下幸之助，与其说是经营者，更应该说是教育家、道德家、思想家、社会活动家，更可称为宗教家。他的形象确实令人眼花缭乱，很难局限在“经营之神”的小框框里。

松下幸之助是道德完美主义者。在弱肉强食、尔虞我诈的竞争社会中，有的人采取以毒攻毒、以牙还牙的方式；而松下幸之助却能采取善意的态度安身立命、为人处世，追求道德的完美，实属难得。

日本作家藤田忠司在他的著作中说道：

经商，是一种不是生、就是死的竞争。自己公司的业绩，越向上提升，相对的，就有越多的同业，逐渐没落。即使松下幸之助本人没有扼杀同业生机的意念，可是在松下电器产业急速成长的阴影下，不知有多少日本的同业，相继倒闭。

松下幸之助曾由此而十分痛苦。然而，他一旦悟透企业使命之后，便不再烦恼。

松下幸之助认为，与其让众多企业生产品质较次、价格较贵的商品，不如让少数优秀企业，大量生产品优价廉的商品，这样对业主、对顾客、对社会都有利。

松下电器由一家小作坊发展为拥有700家子、孙公司的产业集团，需要漫长的扩张合并过程。松下幸之助从不乘人之危吞并，而是遵循商业道德的协商合作。正因为松下幸之助的善意，几乎所有的合作者都是自动提出归属松下幸之助的旗下。

在松下电器的所有产品中，唯有精工生产的电风扇不使用“乐声”牌商标。事情缘起为1917年松下幸之助创业之初，生产插座失败，工厂面临倒闭。正在这时，川北电气给了松下幸之助一批风扇底盘订单，救了松下幸之助一命。

投桃报李，1950年，松下电器大量生产销售电风扇时，首先考虑到的是川北电气。松下幸之助给了川北电气大批的风扇订单，川北电气生产转为景气，这等于救了川北一命。

川北电气生产的电风扇是通过松下电器的销售网销售的，按惯例需要标“乐声”牌，而松下幸之助为报恩，仍使用川北的老牌号“KDK”。

川北后来成了松下电器的关系企业，并入松下电器。在松下幸之助自己的著作与他人评价松下幸之助的著作里，围绕在松下幸之助周围的，都是充满善意的人。

年幼时，他们教育帮助松下幸之助；年轻时，他们鼎力辅佐；年老时，他们尊敬褒奖松下幸之助。

松下幸之助自己说：“在人与人的结缘上，我是非常幸运的。”这能仅仅归结为幸运吗？主要是松下幸之助以善意待人，即使是一个品行不高的人，松下幸之助也尽量去看人家的优点。

读者在阅读本书时，一定会发现这样一个令人费解的事实：书中的不少人名用的是英文字母为代号。这是因为松下幸之助在著作或接受记者的采访中，为避免当事人及其后代的不快，同时也担忧会产生什么副作用，而采取的善意方式。

被冠以英文字母代号的人，通常是这么几种情况：经营不善的失败者，有某些缺点的人，有不道德行为者。当然，也有少数人是由于记忆不清或出于商业机密的考虑。有少数“字母人物”被记者作家考证出来，但大部分由于年代久远，无从考证。

1963年，《朝日新闻》公布“国民人缘排行榜”，松下幸之助名列第一，可见其人缘极好。其他进入前10名者有日本首相池田勇人、棒球明星长岛茂雄、歌唱家美空云雀等人。

正如“一千只大雁，并非都排行飞行”一样，日本社会对松下幸之助的人品持有微词者仍不乏其人。

他们指责松下幸之助道：“又要经商赚钱，又要大谈道德，实在是虚伪!”但是，这种论调随着时间推移，自然而然渐渐销声匿迹。原因何在？这是因为，这些人抱有成见，先入为主。

在古代日本，臣民的排列是：士、武、农、工、商。商人是下下者，无商不奸，无商不诈，为国民所不齿。所以，在他们看来，商人是没有资格谈论道德的。

随着社会的发展，人们的观念不断更新，人们以经商为荣。尤其是日本，已经跃为20世纪70年代世界第二经济强国，人们更加意识到商业以及商人对日本社会作出的巨大贡献。这样，以往的种种偏见，就失去了市场。

# 附 录

经营者要善用人才，并创造一个让员工能发挥所长的环境。学历就好比商品上的标签，论才用人要看品质，不要只注重标签价码。

——松下幸之助

# 经典故事

## 执着得到的回报

松下幸之助家境贫寒，为了养家糊口，年轻的他到一家大电器公司求职。身材矮小瘦弱，衣服又破又脏的他被公司的人事部门主管谢绝了："我们现在暂时不缺人，你一个月以后再来看看吧！"

本是推托之词，可一个月后松下幸之助真的来了，那位负责人又推托说有事，过几天再说。隔了几天他又来了，如此反复了多次，主管只好直接说出了真话："你这么脏是进不了我们公司的。"

于是他立即回去借钱买了一身整齐的衣服穿上再来。负责人看他如此实在，只好告诉他："关于电器方面的知识，你知道得太少了，我们不能要你。"

不料两个月后，松下幸之助再次出现在人事主管面前："我已经学会了不少有关电器方面的知识，您看我哪方面还有差距，我一项项弥补。"

这位人事主管盯着态度诚恳的他看了半天，才说："我干这一行几十年了，还从未遇到像你这样来找工作的。我真佩服你的耐心和韧性。"

结果，松下幸之助的毅力终于打动了这位人事主管的心。他终于如愿以偿地进入那家公司工作。

## 神田三郎的悲剧

有一次，松下电器公司招聘一批推销人员，考试是笔试和面试相结合。这次招聘的人总共只有10名，可是报考的达到几百人，竞争非常激烈。经过一个星期的筛选工作，松下电器公司从这几百人中选择了10名优胜者。

松下幸之助亲自过目了一下这些入选者的名单，令他感到意外的是，面试时给他留下深刻印象的神田三郎并不在其中。于是，他马上吩咐下属去复查考试分数的统计情况。

经过复查，下属发现神田三郎的综合成绩相当不错，在几百人中名列第二。由于计算机出了毛病，把分数和名字排错了，才使神田三郎的成绩没有进入前10名。

松下幸之助听了，立即让下属改正错误，尽快给神田三郎发录取通知书。

第二天，负责管理这件事情的下属报告了一个令人吃惊的消息：由于没有接到松下电器公司的录取通知书，神田三郎竟然跳楼自杀了。当录取通知书送到时候，他已经死了。

这位下属还自言自语地说："太可惜了，这位有才华的年轻人，我们没有录取他。"

松下幸之助听了，摇摇头说："不！幸亏我们公司没有录取他，这样的人是成不了大事的。一个没有勇气面对失败的人又如何去做销售！"

# 年 谱

1894 年 11 月 27 日，出生于日本和歌山县，是松下正楠的第三个儿子。

1902 年，在雄寻常小学学习 4 年后退学，进大阪宫田火盆店当学徒。

1903 年，转到五代自行车商店。

1910 年，进入大阪电灯公司当内线见习生。

1913 年，进入关西商工学校夜校预备班。

1915 年 ，与井植梅乃小姐相亲，9 月结婚，新娘 19 岁。

1917 年 ，离开大阪电灯公司，开始进行改良插座的制作。

1918 年，创建松下电器制作所；生产改良附属插头，雇用 3 个员工。

1922 年，完成生产与员工教育并进的构想。

1925 年，首次成为日本最高收入者，年底当选议会议员。

1928 年，新工厂落成，月营业额为 10 万日元，从业人员达到 300 名。

1935 年，将公司改组为股份制。

1936 年，开始生产电池灯。

1938 年，成立松下电动机株式会社。

1940 年，召开第一次经营方针发布会。

1943 年，受军方邀请设立松下造船株式会社、松下航空机株式会社。

1946 年，因协助战争被革职。

1947 年，复职为总经理。创设 PHP 研究所。

1949 年，松下幸之助在年初的经营方针发布会上，强调重视经营危机。

1950 年 7 月，在紧急召开的经营方针发布会上，发布重建企业的宣言。10 月，财阀指令等诸项制裁被解除。

1957 年，开始在全日本设立代理店。

1958 年 6 月，接受荷兰政府颁发“奥伦治领导者声望奖章”。

1961 年，辞退总经理，就任董事长。

1965 年 4 月，每周 5 天工作制全面实施。

1968 年 5 月，松下电器创业 50 周年庆祝典礼。号召员工致力于“昭和维新”。就任灵山表彰会会长。

1973 年，辞掉董事长职务，改任顾问。捐款总金额 50 亿日元给日本的各级行政单位。

1977 年，出版《我的梦，日本的梦，21 世纪的日本》。

1980 年，创立财团法人“松下幸之助政经塾”。

1982 年，开始销售激光唱片。

1983 年，开始销售影碟。

1989 年 4 月 27 日去世，享年 95 岁。

# 名　言

● 唯有懂得欣赏别人长处，才能领导更多的人。

● 我们把一流的人才留下来经商，让二流人才到政界去发展。

● 敢于要求部下，才是负责任的经营者，也才能突破经营瓶颈。

● 永不绝望的诚恳和毅力，会改变既定的事实，化解人的坚定意志。

● 不管别人的嘲弄，只要默默地坚持到底，换来的就是别人的羡慕。

● 非常时期就必须有非常的想法和行动，不要受外界价值观干扰。

● 顺应社会的潮流和事物的关系，才是企业得以发展的方式。

● 如果你坚持要上二楼，就会想到搬扶梯；如果你只想试一试，那就什么都得不到。

● 有正确的经营理念，始能活用人才、技术、资金、销售等各方面的制度。

● 生产大众化的产品时，不但要推出更优良的品质，售价也要便宜至少 30% 以上。

● 以人性为出发点，因此而建立的经营理念及管理方法，必然正确且强而有力。

● 合理利润的获得，不仅是商人经营的目的，也是社会繁荣的基石。

● 与和自己有往来的公司共存共荣，是企业维持长久发展的唯一道路。

● 主管要在工作上，不断地提出他的想法和要求。

● 辛劳被肯定后，所流露的感激，是无与伦比的喜悦。

● 虽然起步迟，只要不畏挫折，坚持到底，照样能超越他人。

● 不论处在任何状况，都要有发现光明之路的能力，有视祸为福的坚毅决心。

● 智慧、时间、诚意都是企业的另一种投资。不懂这个道理的人，就不是真正的公司从业人员。

● 任何东西本身皆具有说服力，要善用物品的说服力，但不可用来贿赂。

● 充分了解人情的微妙而善加利用，即使是“坏消息”，也可使人觉得合情合理。

● 以经济合理的标准美化产品造型，才能达到促销的目的，并形成一种美的文化。

● 脑筋转个不停，不但使计划更周详，别人也会受感染而愿全力配合。

● 把握任何时刻与机会，以谦虚有礼的态度服务顾客。

● 一开始就坚持名副其实的信用等于是自己储备了庞大的资金。

● 做生意，要有洞察时机、先发制人的能力，因为这是真刀真枪的决斗，只许赢，不许输。

● 为了不让外资入侵，即使是一团泥块，也要将它从水中挽救起来，更何况是被土覆住的金块。

● 经营者除了具备学识、品德外，还要全心投入，随时反省，才能领悟经营要诀，结出美好的果实。

● 人们对于进退事情，往往不容易看得开，但有时间为情况需要，却要有所决定。或者，即使并无情势逼迫，也必须决定自己的进退事宜。

● 不论是多么贤明的人，毕竟只是一个人的智慧；不论是多么热心的人，也仅能奉献一个人的力量。

● 经营者必须对任何事的成败负责。所以，他既要充分授权，又要随时听到报告，给予适当指导。

**图书在版编目(CIP)数据**

松下幸之助／李乐编著. —北京：中国社会出版社，2014.8

ISBN 978-7-5087-4766-8

Ⅰ. ①松… Ⅱ. ①李… Ⅲ. ①松下幸之助(1894～1989)－传记 Ⅳ. ①K833.135.38

中国版本图书馆 CIP 数据核字(2014)第 123999 号

---

书　　名：松下幸之助

编 著 者：李　乐

---

出 版 人：浦善新

终 审 人：李威海

责任编辑：侯　钰　　　　责任校对：籍红兵

---

出版发行：中国社会出版社　邮政编码：100032

通联方法：北京市西城区二龙路甲 33 号

编 辑 部：(010)58124865

邮 购 部：(010)58124845

销 售 部：(010)58124848　传真：(010)58124856

网　　址：www.shcbs.com.cn



经　　销：各地新华书店

---

印刷装订：北京威远印刷有限公司

开　　本：170mm×240mm 1/16

印　　张：13

字　　数：200 千字

版　　次：2015 年 1 月第 1 版

印　　次：2015 年 1 月第 1 次印刷

定　　价：26.00 元